KEBAHAGIAAN TROPIKA: RESEPI TERINSPIRASI PIÑA COLADA TERBAIK

Alami Rasa Manis dan Menyegarkan Tropika di Dapur Anda

John Arman

JADUAL _ KANDUNGAN

PENGENALAN

Selamat datang ke "KEBAHAGIAAN TROPIKA: A Collection of Piña Colada Inspired Recipes." Buku masakan ini didedikasikan kepada semua mereka yang menyukai rasa manis dan menyegarkan di kawasan tropika. Dalam buku ini, anda akan menemui pelbagai resipi yang diilhamkan oleh koktel Piña colada klasik. Daripada smoothie hingga ke kek, setiap resipi telah direka untuk membawa syurga tropika ke dapur anda.

Dalam buku masakan ini, kami juga telah memasukkan beberapa fakta dan petua yang menyeronokkan tentang sejarah Piña colada, bahan-bahan yang digunakan dan cara membuat minuman yang sempurna. Kami berharap buku masakan ini akan memberi inspirasi kepada anda untuk bereksperimen dengan perisa baharu dan mencipta syurga tropika anda.

KLASIK

1. Pina Colada klasik

BAHAN-BAHAN:

- 2 oz rum ringan
- 2 oz jus nanas
- 2 oz krim kelapa
- 1 cawan ais hancur
- Hirisan nanas dan ceri maraschino untuk hiasan

ARAHAN:

a) Masukkan rum, jus nanas, krim kelapa, dan ais hancur ke dalam pengisar.

b) Kisar hingga sebati.

c) Tuangkan ke dalam gelas dan hiaskan dengan hirisan nanas dan ceri maraschino.

2. Virgin Piña Colada

BAHAN-BAHAN:

- 2 oz jus nanas
- 2 oz krim kelapa
- 1 cawan ais hancur
- Hirisan nanas dan ceri maraschino untuk hiasan

ARAHAN:

a) Masukkan jus nanas, krim kelapa, dan ais hancur ke dalam pengisar.

b) Kisar hingga sebati.

c) Tuangkan ke dalam gelas dan hiaskan dengan hirisan nanas dan ceri maraschino.

3. Halia Piña Colada

BAHAN-BAHAN:

- 2 cawan nanas beku
- 1 biji limau purut dikupas dan dihiris
- 1/2 inci halia, dihiris nipis

ARAHAN:

a) Campurkan dengan 1/2 hingga 1 cawan cecair.

b) Nikmati

4. Anggur Colada

BAHAN-BAHAN:

- 7 auns anggur merah tanpa biji
- 2 sudu besar madu
- 16 auns krim kelapa manis
- 1 sudu teh jintan kisar
- beberapa titik air bunga oren
- 3½ auns kiub ais

ARAHAN:

a) Kisar anggur dengan madu, krim kelapa, jintan manis, air bunga oren, dan ais sehingga halus.

b) Hidangkan, dan hiaskan dengan bahagian anggur tambahan.

5. <u>Piña Colada Gaya Thai</u>

BAHAN-BAHAN:

- Santan tanpa gula: 1 tin
- Jus nanas: 1 cawan
- Rum ringan: 4 auns
- Gula: $\frac{1}{2}$ cawan
- Kiub ais: 4 cawan

ARAHAN:

a) Dalam bekas pengisar, kisar santan, rum, gula dan jus nanas.

b) Kisar pada tinggi sehingga betul-betul licin.

c) Masukkan ais dan gaul sehingga ia membentuk konsistensi cair.

d) Tuangkan ke dalam gelas. Hidangkan segera.

6. Malibu Pumpkin Colada

BAHAN-BAHAN:

- kiub ais
- 50 mL Malibu
- 50 ml krim kelapa
- 10 mL jus limau nipis
- 10 mL puri labu atau jus
- 75 mL jus nanas

ARAHAN:

a) Isi shaker dengan kiub ais.

b) Tambah Malibu, krim kelapa, jus limau nipis, puri atau jus labu dan jus nanas.

c) Goncang dan tapis ke dalam gelas sejuk berisi kiub ais.

7. <u>Pina Colada Martini</u>

BAHAN-BAHAN:

- 2 oz rum kelapa
- 1 oz jus nanas
- 1 oz krim kelapa
- 1/2 oz jus limau nipis
- Hirisan nanas dan limau nipis untuk hiasan

ARAHAN:

a) Masukkan rum kelapa, jus nanas, krim kelapa, dan jus limau ke dalam shaker dengan ais.

b) Goncang sehingga sejuk.

c) Tapis ke dalam gelas martini.

d) Hiaskan dengan hirisan nanas dan limau nipis.

8. Pina Colada Mocktail

BAHAN-BAHAN:

- 2 oz jus nanas
- 2 oz krim kelapa
- 1 oz jus limau
- 1/2 oz sirap ringkas
- Kelab Soda
- Hirisan nenas dan daun pudina untuk hiasan

ARAHAN:

a) Masukkan jus nanas, krim kelapa, jus limau nipis dan sirap ringkas ke dalam shaker dengan ais.
b) Goncang sehingga sejuk.
c) Tapis ke dalam gelas berisi ais.
d) Teratas dengan soda kelab.
e) Hiaskan dengan hirisan nanas dan daun pudina.

SARAPAN PAGI

9. Pancake Pina colada

BAHAN-BAHAN:

- 1 cawan tepung ejaan
- $\frac{1}{2}$ sudu teh serbuk penaik
- $\frac{1}{2}$ sudu teh baking soda
- $\frac{3}{4}$ cawan yogurt Yunani biasa
- $\frac{1}{2}$ cawan + 2 sudu besar santan penuh lemak dalam tin
- 1 biji telur besar
- 2 sudu besar sirap maple
- 1 sudu teh ekstrak vanila
- $\frac{1}{2}$ cawan nenas didadu halus

ARAHAN:

a) Masukkan tepung, serbuk penaik, dan baking soda ke dalam mangkuk dan pukul sehingga sebati.

b) Dalam mangkuk lain, pukul yogurt, santan, telur, sirap maple, dan vanila bersama sehingga sebati.

c) Masukkan bahan basah ke dalam bahan kering dan pukul sehingga sebati.

d) Setelah semuanya sebati, masukkan nenas.

e) Biarkan adunan berehat selama 2 hingga 3 minit. Ini membolehkan semua bahan bergabung dan memberikan adunan konsistensi yang lebih baik.

f) Semburkan kuali atau griddle tidak melekat dengan minyak sayuran dan panaskan dengan api sederhana.

g) Setelah kuali panas, masukkan adunan menggunakan cawan penyukat $\frac{1}{4}$ cawan dan tuangkan adunan ke dalam kuali untuk membuat penkek. Gunakan cawan penyukat untuk membantu membentuk lempeng.

h) Masak sehingga bahagian tepi kelihatan set dan buih terbentuk di tengah (kira-kira 2 hingga 3 minit), kemudian terbalikkan lempeng.

i) Setelah pancake masak di sebelah itu, keluarkan pancake dari api dan letakkan di atas pinggan.

j) Teruskan langkah ini dengan baki adunan.

10. Oat Semalaman Piña Colada

BAHAN-BAHAN:

- 1/2 cawan oat gulung
- 1/2 cawan santan
- 1/2 cawan jus nanas
- 1/4 cawan kelapa parut
- 1 sudu besar madu
- 1/2 sudu teh ekstrak vanila
- Topping: hirisan nanas, kelapa parut

ARAHAN:

a) Dalam mangkuk, satukan oat, santan, jus nanas, kelapa parut, madu, dan ekstrak vanila.
b) Kacau rata dan tutup mangkuk dengan bungkus plastik.
c) Sejukkan oat semalaman.
d) Pada waktu pagi, taburkan dengan hirisan nanas dan kelapa parut.

11. Roti Bakar Perancis Piña Colada

BAHAN-BAHAN:

- 4 keping roti
- 2 biji telur
- 1/4 cawan santan
- 1/4 cawan jus nanas
- 1/4 sudu teh ekstrak vanila
- 1/4 sudu teh kayu manis tanah
- 1/4 cawan kelapa parut
- Mentega atau minyak untuk menggoreng

ARAHAN:

a) Dalam hidangan cetek, pukul bersama telur, santan, jus nanas, ekstrak vanila, dan kayu manis.

b) Celupkan setiap keping roti ke dalam adunan telur, pastikan salut kedua-dua belah.

c) Panaskan kuali di atas api sederhana dan masukkan satu sudu mentega atau minyak.

d) Masukkan kepingan roti ke dalam kuali dan masak selama 2-3 minit pada setiap sisi, sehingga perang keemasan.

e) Taburkan kelapa parut di atas roti bakar Perancis dan hidangkan bersama sirap.

12. Muffin Piña Colada

BAHAN-BAHAN:

- 2 cawan tepung serba guna
- 1/2 cawan gula
- 1 sudu besar serbuk penaik
- 1/4 sudu teh garam
- 1/2 cawan santan
- 1/2 cawan jus nanas
- 1/4 cawan minyak sayuran
- 1 biji telur
- 1 cawan nenas potong dadu
- 1/2 cawan kelapa parut

ARAHAN:

a) Panaskan ketuhar hingga 375°F (190°C) dan alaskan loyang muffin dengan pelapik kertas.

b) Dalam mangkuk, campurkan tepung, gula, serbuk penaik, dan garam.

c) Dalam mangkuk lain, pukul bersama santan, jus nanas, minyak sayuran, dan telur.

d) Tuangkan bahan basah ke dalam bahan kering dan gaul sehingga sebati sahaja.

e) Masukkan nenas yang dipotong dadu dan kelapa parut.

f) Cedok adunan ke dalam loyang muffin yang telah disediakan, penuhkan setiap cawan kira-kira 2/3 penuh.

g) Bakar selama 20-25 minit, sehingga pencungkil gigi yang dimasukkan di tengah muffin keluar bersih.

h) Biarkan mufin sejuk dalam tin selama 5 minit sebelum memindahkannya ke rak dawai untuk menyejukkan sepenuhnya.

13. Piña Colada Granola

BAHAN-BAHAN:

- 3 cawan oat gulung
- 1/2 cawan kelapa parut
- 1/2 cawan badam cincang
- 1/4 cawan madu
- 1/4 cawan minyak kelapa
- 1/4 cawan jus nanas
- 1 sudu teh ekstrak vanila
- 1/2 cawan nanas kering

ARAHAN:

a) Panaskan ketuhar hingga 325°F (160°C) dan alaskan loyang dengan kertas parchment.

b) Dalam mangkuk, campurkan oat gulung, kelapa parut, dan badam cincang.

c) Dalam mangkuk lain, pukul bersama madu, minyak kelapa, jus nanas, dan ekstrak vanila.

d) Tuangkan bahan basah ke atas bahan kering dan kacau hingga bersalut.

e) Sapukan adunan ke atas loyang yang disediakan dan bakar selama 20-25 minit, kacau sekali-sekala, sehingga perang keemasan.

f) Biarkan granola sejuk di atas loyang selama 10 minit sebelum kacau dalam nanas kering.

g) Simpan granola dalam bekas kedap udara.

14. Puding Chia Piña Colada

BAHAN-BAHAN:

- 1/4 cawan biji chia
- 1 cawan santan
- 1/4 cawan jus nanas
- 1 sudu besar madu
- 1/4 sudu teh ekstrak vanila
- Topping: hirisan nanas, kelapa parut

ARAHAN:

a) Dalam mangkuk, pukul bersama biji chia, santan, jus nanas, madu, dan ekstrak vanila.

b) Tutup mangkuk dengan bungkus plastik dan sejukkan sekurang-kurangnya 2 jam atau semalaman.

c) Untuk menghidangkan, taburkan dengan hirisan nenas dan kelapa parut.

15. Piña Colada Breakfast Parfait

BAHAN-BAHAN:

- 1/2 cawan yogurt Yunani
- 1/2 cawan nenas dipotong dadu
- 1/4 cawan kelapa parut
- 2 sudu besar madu
- 2 sudu besar jus nanas
- Granola untuk topping

ARAHAN:

a) Dalam mangkuk, campurkan yogurt Yunani, nanas potong dadu, kelapa parut, madu dan jus nanas.

b) Sudukan adunan ke dalam gelas hidangan, berselang seli dengan lapisan granola.

c) Teratas dengan tambahan nanas potong dadu dan kelapa parut.

16. Burrito Sarapan Piña Colada

BAHAN-BAHAN:

- 4 tortilla tepung besar
- 6 biji telur, dikocok
- 1/2 cawan ketulan nanas
- 1/2 cawan kelapa parut
- 1/4 cawan ketumbar cincang
- Garam dan lada sulah secukup rasa

ARAHAN:

a) Panaskan kuali besar dengan api sederhana.

b) Masukkan telur hancur dan masak sehingga masak.

c) Masukkan ketulan nanas, kelapa parut, ketumbar, garam dan lada sulah ke dalam kuali dan kacau sehingga sebati.

d) Panaskan tortilla tepung dalam ketuhar gelombang mikro atau di atas griddle.

e) Bahagikan campuran telur antara tortilla dan bungkusnya menjadi burrito.

f) Hidangkan segera.

17. Kaserol Sarapan Piña Colada

BAHAN-BAHAN:

- 6 croissant besar, dikoyakkan menjadi kepingan kecil
- 1 tin santan
- 1/2 cawan jus nanas
- 1/2 cawan kelapa parut
- 1/2 cawan ketulan nanas
- 4 biji telur
- 1/4 cawan gula perang
- 1 sudu teh ekstrak vanila
- 1/2 sudu teh kayu manis

ARAHAN:

a) Panaskan ketuhar hingga 350°F.

b) Dalam mangkuk besar, pukul bersama santan, jus nanas, telur, gula perang, ekstrak vanila, dan kayu manis.

c) Masukkan kepingan croissant ke dalam mangkuk dan kacau sehingga ia bersalut dalam adunan.

d) Tuangkan adunan croissant ke dalam loyang yang telah digris.

e) Taburkan kelapa parut dan ketulan nanas di atas adunan croissant.

f) Bakar selama 35-40 minit, sehingga bahagian atas berwarna perang keemasan dan kaserol masak.

g) Hidangkan panas.

18. Roti dalam balang Piña colada

BAHAN-BAHAN:

- 1 tin Nenas; (20 oz) dihancurkan
- 1 cawan Marjerin; pada suhu bilik
- 3½ cawan gula perang; dibungkus
- 4 putih telur; disebat
- ½ cawan Rum
- 3⅓ cawan tepung yang tidak diluntturkan
- 1½ sudu teh serbuk penaik
- 1 sudu teh baking soda
- 1 cawan kelapa; dicincang

ARAHAN:

a) Panaskan ketuhar hingga 325. Sebelum memulakan adunan, basuh 8 (1 pain) balang pengetinan bermulut lebar dengan penutup dalam air sabun panas dan biarkan toskan, kering dan sejuk pada suhu bilik.

b) Sediakan balang dengan semburan masak dan tepung dengan murah hati.

c) Toskan nanas selama 10 minit, simpan jus. Haluskan nanas yang telah di toskan dalam pengisar. Sukat 1½ cawan puri, tambah sedikit jus jika perlu untuk membuat 1½ cawan. Ketepikan puri. Buang jus yang tinggal.

d) Dalam mangkuk adunan, satukan sos epal, separuh gula perang hingga kembang dan gebu. Pukul dalam putih telur dan puri nanas. Mengetepikan. Dalam mangkuk adunan lain, satukan tepung, serbuk penaik dan soda penaik. Secara beransur-ansur, tambahkan kepada campuran nanas dalam pertiga, pukul dengan baik dengan setiap penambahan. Kacau dalam kelapa.

e) Sudukan 1 tahap secawan adunan ke dalam setiap balang. Lap rim dengan berhati-hati, kemudian letakkan balang di atas loyang (atau ia akan terbalik) di tengah ketuhar. Bakar selama 40 minit. Simpan penutup dalam air panas sehingga ia digunakan.

f) Apabila kek siap, keluarkan balang yang PANAS dari ketuhar satu persatu. Jika rim memerlukan pembersihan, gunakan tuala kertas yang dibasahkan. Berhati-hati meletakkan penutup dan cincin di tempatnya, kemudian skru bahagian atas ditutup rapat. Letakkan balang pada rak dawai; mereka akan mengelak apabila ia sejuk.

g) Setelah balang sejuk, hiaskannya dengan kepingan kain bulat dan kemudian gamkannya pada bunga, reben, dsb. pada penutup, cincin, dan sisi balang. Buka skru cincin (tudung harus dimeterai sekarang) dan letakkan beberapa bola kapas di atas tudung, kemudian sehelai kain di atas dan skru cincin itu kembali.

h) Hias mengikut kehendak.

19. Dadar Tropika

BAHAN-BAHAN:

- 3 biji telur
- 2 sudu besar santan
- $\frac{1}{4}$ cawan nenas dipotong dadu
- $\frac{1}{4}$ cawan lada benggala dipotong dadu
- $\frac{1}{4}$ cawan bawang merah potong dadu
- $\frac{1}{4}$ cawan keju parut (cheddar atau mozzarella)
- 1 sudu besar cilantro segar yang dicincang
- Garam dan lada sulah secukup rasa
- Mentega atau minyak untuk memasak

ARAHAN:

a) Dalam mangkuk, pukul bersama telur, santan, garam dan lada sulah.

b) Panaskan kuali tidak melekat di atas api sederhana dan tambah sedikit mentega atau minyak untuk menyalut permukaan.

c) Tuangkan adunan telur ke dalam kuali dan biarkan ia masak seminit sehingga bahagian tepi mula mengeras.

d) Taburkan nanas yang dipotong dadu, lada benggala, bawang merah, keju parut dan ketumbar cincang pada separuh daripada telur dadar.

e) Menggunakan spatula, lipat separuh lagi telur dadar ke atas inti.

f) Masak seminit lagi atau sehingga keju cair dan telur dadar masak.

g) Luncurkan telur dadar ke atas pinggan dan hidangkan panas.

h) Nikmati rasa tropika telur dadar yang lazat!

20. Wafel Emas dengan Buah-buahan Tropika

BAHAN-BAHAN:

MENTEGA KURMA

- 1 batang mentega tanpa garam, suhu bilik
- 1 cawan kurma dicincang kasar

WAFFLES

- 1 ½ cawan tepung serba guna
- 1 cawan tepung semolina yang dikisar kasar
- ¼ cawan gula pasir
- 2 ½ sudu teh serbuk penaik
- ½ sudu teh baking soda
- ¾ sudu teh garam kasar
- 1 ¾ cawan susu penuh, suhu bilik
- ⅓ cawan krim masam, suhu bilik
- 1 batang mentega tanpa garam, cair
- 2 biji telur besar, suhu bilik
- 1 sudu teh ekstrak vanila tulen
- Semburan masak minyak sayuran
- Hirisan buah kiwi dan buah sitrus, pistachio cincang, dan sirap maple tulen, untuk dihidangkan

ARAHAN:

MENTEGA KURMA:

a) Pukul mentega dan kurma dalam pemproses makanan, kikis bahagian tepi beberapa kali, sehingga licin dan sebati. Mentega kurma boleh dibuat sehingga seminggu lebih awal dan disimpan di dalam peti sejuk; bawa ke suhu bilik sebelum digunakan.

WAFLES:

b) Pukul bersama tepung, gula, serbuk penaik, soda penaik, dan garam dalam mangkuk besar. Dalam mangkuk yang berasingan, pukul susu, krim masam, mentega, telur, dan vanila.

c) Pukul adunan susu ke dalam adunan tepung baru sebati.

d) Panaskan seterika wafel. Salut dengan lapisan nipis semburan masak. Tuangkan 1 $\frac{1}{4}$ cawan adunan setiap wafel ke tengah seterika, biarkan ia merebak hampir ke tepi.

e) Tutup tudung dan masak sehingga perang keemasan dan garing, 6 hingga 7 minit.

f) Keluarkan dari seterika dan baling dengan cepat antara tangan anda beberapa kali untuk mengeluarkan wap dan membantu mengekalkan kerangupan, kemudian pindahkan ke rak dawai yang ditetapkan dalam lembaran pembakar berbingkai; panaskan dalam ketuhar 225 darjah sehingga sedia untuk dihidangkan.

g) Ulangi salutan seterika dengan lebih banyak semburan masak antara kelompok.

Hidangkan, dengan mentega kurma, buah, pistachio, dan sirap.

21. Krep buah tropika

BAHAN-BAHAN:

- 4 auns tepung biasa, diayak
- 1 secubit Garam
- 1 sudu teh gula kastor
- 1 biji telur, tambah satu kuning
- $\frac{1}{2}$ pain Susu
- 2 sudu besar mentega cair
- 4 auns Gula
- 2 sudu besar brendi atau rum
- $2\frac{1}{2}$ cawan campuran buah tropika

ARAHAN:

a) Untuk membuat adunan Crêpe, letakkan tepung, garam, dan gula kastor dalam mangkuk dan gaul.

b) Pukul telur, susu dan mentega secara beransur-ansur. Biarkan selama sekurang-kurangnya 2 jam.

c) Panaskan kuali yang telah digris sedikit, kacau adunan, dan gunakan untuk membuat 8 Crêpes. Tetap hangat.

d) Untuk membuat inti, letakkan campuran buah tropika dalam periuk dengan gula dan panaskan perlahan-lahan sehingga gula larut.

e) Didihkan dan panaskan sehingga gula menjadi karamel. Tambah brendi.

f) Isikan setiap crêpe dengan buah dan hidangkan segera dengan krim atau creme fraiche.

22. Puding Kelapa Tropika

BAHAN-BAHAN:

- $\frac{3}{4}$ cawan oat tanpa gluten lama
- $\frac{1}{2}$ cawan kelapa parut tanpa gula
- 2 cawan air
- $1\frac{1}{4}$ cawan santan
- $\frac{1}{2}$ sudu teh kayu manis tanah
- 1 pisang, dihiris

ARAHAN:

a) Menggunakan mangkuk, satukan oat, kelapa, dan air. Tutup dan sejukkan semalaman.

b) Pindahkan adunan ke dalam periuk kecil.

c) Masukkan susu, dan kayu manis, dan reneh selama kira-kira 12 minit dengan api sederhana.

d) Keluarkan dari api, dan biarkan selama 5 minit.

e) Bahagikan antara 2 mangkuk dan atas dengan hirisan pisang.

23. Mangkuk Acai Tropika

BAHAN-BAHAN:

- 2 pek acai sejuk beku
- 1 pisang masak
- $\frac{1}{2}$ cawan beri campuran beku
- $\frac{1}{2}$ cawan air kelapa atau susu badam
- Topping: hirisan pisang, kiwi, beri, granola, serpihan kelapa

ARAHAN:

a) Dalam pengisar, kisar pek acai beku, pisang masak, beri campuran beku, dan air kelapa atau susu badam sehingga licin dan pekat.

b) Tuang adunan acai ke dalam mangkuk.

c) Teratas dengan hirisan pisang, kiwi, beri, granola, dan kepingan kelapa.

d) Susun topping mengikut kehendak di atas adunan acai.

e) Hidangkan segera dan nikmati mangkuk acai tropika yang menyegarkan dan berkhasiat!

24. Roti Pisang Kelapa

BAHAN-BAHAN:

- 2 biji pisang masak, tumbuk
- $\frac{1}{2}$ cawan santan
- $\frac{1}{4}$ cawan minyak kelapa cair
- $\frac{1}{4}$ cawan madu atau sirap maple
- 1 sudu teh ekstrak vanila
- 1 $\frac{3}{4}$ cawan tepung serba guna
- 1 sudu kecil serbuk penaik
- $\frac{1}{2}$ sudu teh baking soda
- $\frac{1}{4}$ sudu teh garam
- $\frac{1}{4}$ cawan kelapa parut
- Pilihan: $\frac{1}{2}$ cawan kacang tropika yang dicincang

ARAHAN:

a) Panaskan ketuhar hingga 350°F (175°C) dan griskan loyang roti.

b) Dalam mangkuk besar, satukan pisang lecek, santan, minyak kelapa cair, madu atau sirap maple, dan ekstrak vanila. Gaul sebati.

c) Dalam mangkuk yang berasingan, pukul bersama tepung, serbuk penaik, soda penaik, dan garam.

d) Masukkan bahan kering sedikit demi sedikit ke dalam bahan basah, kacau sehingga sebati.

e) Masukkan kelapa parut dan kacang cincang (jika guna).

f) Tuangkan adunan ke dalam loyang yang telah disediakan dan ratakan.

g) Bakar selama 45-55 minit atau sehingga pencungkil gigi yang dimasukkan ke tengah keluar bersih.

h) Keluarkan dari ketuhar dan biarkan roti pisang kelapa sejuk di dalam kuali selama beberapa minit.

i) Pindahkan roti ke rak dawai untuk menyejukkan sepenuhnya.

j) Hiris dan hidangkan roti pisang kelapa tropika yang lazat.

25. Taco Sarapan Tropika

BAHAN-BAHAN:

- 4 tortilla jagung kecil
- 4 biji telur, dikocok
- $\frac{1}{2}$ cawan nenas dipotong dadu
- $\frac{1}{4}$ cawan lada benggala merah dipotong dadu
- $\frac{1}{4}$ cawan bawang merah potong dadu
- $\frac{1}{4}$ cawan cilantro segar yang dicincang
- Jus 1 biji limau purut
- Garam dan lada sulah secukup rasa
- Topping pilihan: hirisan alpukat, salsa, sos panas

ARAHAN:

a) Dalam mangkuk, satukan nanas yang dipotong dadu, lada benggala merah, bawang merah, ketumbar, jus limau nipis, garam dan lada sulah. Gaul sebati.

b) Panaskan tortilla jagung dalam kuali atau ketuhar gelombang mikro.

c) Isikan setiap tortilla dengan telur hancur dan tutup dengan salsa nanas tropika.

d) Tambah topping pilihan seperti alpukat yang dihiris, salsa atau sos panas.

e) Hidangkan taco sarapan tropika yang lazat.

26. Roti Bakar Avokado Tropika

BAHAN-BAHAN:

- 2 keping roti bijirin penuh, dibakar
- 1 buah alpukat masak, dikupas dan diadu
- Jus $\frac{1}{2}$ kapur
- $\frac{1}{4}$ cawan nenas dipotong dadu
- $\frac{1}{4}$ cawan mangga potong dadu
- 1 sudu besar cilantro segar yang dicincang
- Garam dan lada sulah secukup rasa
- Topping pilihan: lobak yang dihiris, mikrohijau, atau keju feta

ARAHAN:

a) Dalam mangkuk, tumbuk alpukat masak dengan garpu.

b) Masukkan jus limau nipis, nenas potong dadu, mangga potong dadu, ketumbar cincang, garam, dan lada sulah.

c) Gaul rata sehingga semua bahan sebati.

d) Ratakan adunan alpukat ke atas kepingan roti yang telah dibakar.

e) Teratas dengan topping pilihan jika dikehendaki, seperti hirisan lobak, mikrohijau atau keju feta yang hancur.

f) Hidangkan roti bakar alpukat tropika sebagai snek atau hidangan ringan yang lazat dan mengenyangkan.

g) Nikmati alpukat berkrim yang digandingkan dengan buah-buahan tropika yang manis dan masam!

KUDAPAN

27. Kulit Piña Colada

BAHAN-BAHAN:

- 24 auns kulit badam
- 1/2 cawan nenas kering yang dicincang halus ditambah lagi untuk hiasan
- 1/4 cawan kelapa bakar ditambah lagi untuk hiasan
- 1/2 cawan gula-gula kuning cair cair

ARAHAN:

a) Cairkan kulit badam seperti yang diarahkan pada pembungkusan. Campurkan nenas dan kelapa.

b) Tuangkan ke dalam loyang bersaiz 9"x13" yang ditutup dengan foil.

c) Cairkan gula-gula cair dan tambah dollops kecil di seluruh adunan putih. Dengan menggunakan pencungkil gigi, pusingkan kuning ke dalam putih.

d) Taburkan pada bahan hiasan dan tutup dengan bungkus plastik. Biarkan untuk disediakan selama kira-kira 4 jam.

e) Pecahkan bahagian dan nikmati!

28. Bola Tenaga Piña Colada

BAHAN-BAHAN:

- 1 cawan kurma Medjool, diadu
- 1 cawan kelapa parut tanpa gula
- 1/2 cawan gajus
- 1/4 cawan ketulan nanas
- 1/4 cawan jus nanas
- 1/2 sudu teh ekstrak vanila
- Secubit garam

ARAHAN:

a) Dalam pemproses makanan, tumbuk kurma, kelapa parut, gajus, ketulan nanas, jus nanas, ekstrak vanila dan garam sehingga menjadi doh yang melekit.

b) Canai doh menjadi bebola kecil.

c) Simpan bebola tenaga di dalam peti sejuk sehingga 1 minggu.

29. Piña Colada Granola Bar

BAHAN-BAHAN:

- 2 cawan oat gulung
- 1/2 cawan kelapa parut tanpa gula
- 1/4 cawan gajus
- 1/4 cawan badam
- 1/4 cawan madu
- 1/4 cawan minyak kelapa
- 1/4 cawan jus nanas
- 1/4 cawan ketulan nanas
- 1 sudu teh ekstrak vanila

ARAHAN:

a) Panaskan ketuhar hingga 350°F.
b) Lapik loyang dengan kertas parchment.
c) Dalam mangkuk besar, campurkan oat gulung, kelapa parut, gajus dan badam.
d) Dalam mangkuk yang berasingan, pukul bersama madu, minyak kelapa, jus nanas, ketulan nanas, dan ekstrak vanila.
e) Tuangkan bahan basah ke atas bahan kering dan kacau sehingga sebati.
f) Tuangkan adunan ke dalam loyang yang telah disediakan dan tekan dengan kuat.
g) Bakar selama 20-25 minit, sehingga perang keemasan.
h) Biarkan bar granola sejuk sebelum dipotong menjadi empat segi.

30. Piña Colada Rice Krispie Treats

BAHAN-BAHAN:

- 6 cawan bijirin Rice Krispie
- 1/4 cawan mentega tanpa garam
- 1/4 cawan madu
- 1/4 cawan kelapa parut tanpa gula
- 1/4 cawan jus nanas
- 1/4 cawan ketulan nanas

ARAHAN:

a) Dalam periuk besar, cairkan mentega dengan api perlahan.

b) Masukkan madu, kelapa parut, jus nanas, dan ketulan nanas ke dalam periuk dan kacau sehingga sebati.

c) Masukkan bijirin Rice Krispie ke dalam periuk dan kacau sehingga bijirin disalut dengan adunan.

d) Tuang adunan ke dalam loyang bersaiz 9x13 inci yang telah digris dan tekan dengan kuat.

e) Biarkan adunan sejuk sebelum dipotong segi empat sama.

31. Campuran Jejak Piña Colada

BAHAN-BAHAN:

- 1 cawan gajus panggang
- 1 cawan badam panggang
- 1/2 cawan kelapa parut tanpa gula
- 1/2 cawan ketulan nanas kering
- 1/4 cawan cip coklat putih
- 1/4 cawan kerepek kelapa

ARAHAN:

a) Dalam mangkuk besar, campurkan gajus, badam, kelapa parut, ketulan nanas kering, cip coklat putih dan cip kelapa.

b) Simpan campuran jejak dalam bekas kedap udara sehingga 1 minggu.

32. Ceviche koktel tropika

BAHAN-BAHAN:

- $\frac{3}{4}$ paun Ikan Kakap
- 1 paun Kerang; berempat
- 1 bawang merah kecil; dibelah dua, dihiris nipis
- $\frac{1}{4}$ cawan ketumbar; dicincang kasar
- 2 cawan mangga; dipotong dadu
- $1\frac{1}{2}$ cawan nanas; dipotong dadu
- Perap
- 1 cawan jus limau; baru diperah
- 1 sudu besar kulit limau; parut
- 1 cawan cuka beras
- $\frac{1}{4}$ cawan Gula
- $1\frac{1}{2}$ sudu teh serpihan lada merah; untuk rasa
- $1\frac{1}{2}$ sudu teh garam
- 2 sudu teh biji ketumbar; hancur

ARAHAN:

a) Satukan bahan perapan dalam mangkuk kaca besar atau keluli tahan karat. Pukul sebati dan ketepikan.

b) Bilas ikan dan kerang dalam air sejuk dan keringkan dengan tuala kertas. Masukkan kerang ke dalam bahan perapan dan sejukkan. Potong ikan menjadi kepingan $\frac{1}{2}$" dan masukkan ke dalam perapan bersama bawang.

c) Kacau perlahan-lahan, tutup dan sejukkan selama sekurang-kurangnya 4 jam sebelum dihidangkan.

d) Kacau sekali-sekala untuk memastikan perapan meresap ke dalam makanan laut secara sekata. Ceviche boleh disediakan pada masa ini sehingga 2 hari lebih awal. Kira-kira 30 minit sebelum dihidangkan, masukkan ketumbar dan buah-buahan dan kembalikan hidangan ke dalam peti sejuk sehingga sedia untuk dihidangkan.

e) Hidangkan dalam mangkuk atau pinggan sejuk kecil atau, untuk penampilan yang lebih meriah, gelas pukulan atau gelas koktel.

33. Gigitan Protein Lemon Tropika

BAHAN-BAHAN:

- $1\frac{3}{4}$ cawan gajus
- $\frac{1}{4}$ cawan tepung kelapa
- $\frac{1}{4}$ cawan kelapa parut tanpa gula
- 3 sudu besar biji rami bercengkerang mentah
- 3 sudu besar sirap maple
- 3 sudu besar jus lemon segar

ARAHAN:

a) Letakkan gajus dalam pemproses makanan dan proses sehingga halus.

b) Masukkan baki bahan dan proses sehingga sebati.

c) Tuangkan adunan ke dalam mangkuk besar.

d) Ambil segumpal doh dan picitkan menjadi bebola.

e) Teruskan memerah dan bekerja beberapa kali sehingga bola terbentuk dan pepejal.

34. Pizza Walnut Tropika

BAHAN-BAHAN:

- 1 kerak pizza siap sedia
- 1 Sudu besar minyak zaitun
- Bekas 13.5 auns krim keju berperisa buah
- 26-auns balang hirisan mangga, toskan dan cincang
- $\frac{1}{2}$ C. kenari cincang

ARAHAN:

a) Masak kerak pizza di dalam ketuhar mengikut arahan pakej.

b) Sapukan kerak dengan minyak secara rata.

c) Sapukan krim keju ke atas kerak dan atas dengan mangga dan kacang cincang.

d) Potong kepingan yang dikehendaki dan hidangkan.

35. Kebab Buah Tropika

BAHAN-BAHAN:

- Pelbagai buah-buahan tropika (nanas, mangga, kiwi, pisang, betik, dll.), dipotong seukuran gigitan
- Lidi kayu

ARAHAN:

a) Masukkan pelbagai jenis buah-buahan tropika pada lidi kayu dalam sebarang corak yang anda suka.

b) Ulangi dengan baki buah-buahan dan lidi.

c) Hidangkan kabob buah tropika seperti sedia ada atau dengan sampingan yogurt atau madu untuk dicelup.

d) Nikmati lidi buah-buahan yang berwarna-warni dan berkhasiat ini!

36. Popcorn Limau Kelapa

BAHAN-BAHAN:

- $\frac{1}{2}$ cawan biji popcorn
- 2 sudu besar minyak kelapa
- Perahan dan jus 1 limau nipis
- 2 sudu besar kelapa parut
- Garam secukup rasa

ARAHAN:

a) Panaskan minyak kelapa dalam periuk besar dengan api sederhana.

b) Masukkan biji popcorn dan tutup periuk dengan penutup.

c) Goncang periuk sekali-sekala untuk mengelakkan hangus.

d) Setelah meletus menjadi perlahan, keluarkan periuk dari api dan biarkan selama satu minit untuk memastikan semua biji telah muncul.

e) Dalam mangkuk kecil, satukan kulit limau nipis, jus limau nipis, kelapa parut dan garam.

f) Siramkan bancuhan kelapa limau ke atas popcorn yang baru muncul dan gaulkan hingga rata.

g) Nikmati popcorn limau kelapa tropika yang segar dan tropika sebagai snek yang ringan dan berperisa!

37. Guacamole Limau Kelapa

BAHAN-BAHAN:

- 2 buah alpukat masak
- Jus 1 biji limau purut
- Serbuk 1 biji limau purut
- 2 sudu besar cilantro segar yang dicincang
- 2 sudu besar bawang merah dipotong dadu
- 2 sudu besar kelapa parut
- Garam dan lada sulah secukup rasa

ARAHAN:

a) Dalam mangkuk, tumbuk alpukat masak dengan garpu sehingga berkrim.

b) Masukkan jus limau nipis, kulit limau nipis, ketumbar cincang, bawang merah potong dadu, kelapa parut, garam dan lada sulah.

c) Gaul rata untuk menggabungkan semua bahan.

d) Rasa dan sesuaikan perasa mengikut keinginan.

e) Hidangkan guacamole limau kelapa dengan kerepek tortilla atau gunakannya sebagai topping yang lazat untuk taco, sandwic atau salad.

f) Nikmati rasa berkrim dan pedas dari sentuhan tropika pada guacamole ini!

38. Udang kelapa

BAHAN-BAHAN:

- 1 paun udang, dikupas dan dikeringkan
- $\frac{1}{2}$ cawan tepung serba guna
- $\frac{1}{2}$ cawan kelapa parut
- 2 biji telur, dipukul
- Garam dan lada sulah secukup rasa
- Minyak masak untuk menggoreng

ARAHAN:

a) Dalam mangkuk cetek, satukan tepung serba guna, kelapa parut, garam dan lada sulah.

b) Celupkan setiap udang ke dalam telur yang telah dipukul, biarkan lebihan menitis, dan kemudian salutkan dengan bancuhan kelapa.

c) Panaskan minyak masak dalam kuali atau periuk dalam dengan api yang sederhana tinggi.

d) Goreng udang bersalut kelapa secara berkelompok sehingga perang keemasan dan garing, kira-kira 2-3 minit setiap sisi.

e) Keluarkan udang dari minyak dan toskan pada tuala kertas.

f) Hidangkan udang kelapa sebagai pembuka selera atau snek tropika yang lazat dengan sos pencicah pilihan anda, seperti sos cili manis atau salsa mangga.

g) Nikmati udang kelapa yang rangup dan berperisa!

39. Gulung Salsa Mangga Tropika

BAHAN-BAHAN:

- 4 tortilla tepung besar
- 1 cawan krim keju
- 1 cawan salsa mangga
- $\frac{1}{2}$ cawan daun salad atau bayam yang dicincang

ARAHAN:

a) Letakkan tortilla tepung rata di atas permukaan yang bersih.

b) Sapukan lapisan keju krim secara merata ke atas setiap tortilla.

c) Sudukan salsa mangga ke atas lapisan keju krim, ratakan untuk menutupi tortilla.

d) Taburkan daun salad atau bayam yang dicincang di atas salsa.

e) Gulung setiap tortilla dengan ketat, bermula dari satu hujung.

f) Potong setiap tortilla yang digulung menjadi roda pin bersaiz gigitan.

g) Hidangkan gulungan salsa mangga tropika sebagai snek atau pembuka selera yang berperisa dan menyegarkan.

h) Nikmati gabungan rasa berkrim, tajam dan tropika!

40. Lidi Nenas Bakar

BAHAN-BAHAN:

- 1 biji nanas, dikupas, dibuang biji, dan dipotong menjadi kepingan
- 2 sudu besar madu atau sirap maple
- 1 sudu teh kayu manis tanah
- Lidi kayu, rendam dalam air selama 30 minit

ARAHAN:

a) Panaskan pemanggang atau kuali pemanggang dengan api sederhana.

b) Dalam mangkuk kecil, campurkan madu atau sirap maple dan kayu manis yang dikisar.

c) Benang ketulan nanas pada lidi kayu.

d) Sapu nanas dengan campuran madu atau sirap maple, salut semua bahagian.

e) Letakkan lidi nanas pada gril yang telah dipanaskan dan masak selama kira-kira 2-3 minit setiap sisi, atau sehingga tanda gril muncul dan nanas menjadi karamel sedikit.

f) Keluarkan dari panggangan dan biarkan ia sejuk selama beberapa minit.

g) Hidangkan lidi nanas panggang sebagai snek atau pencuci mulut yang manis dan tropika.

h) Nikmati rasa berasap dan karamel dari nanas panggang!

41. Gigitan Pisang Kelapa

BAHAN-BAHAN:

- 2 biji pisang, kupas dan potong seukuran gigitan
- $\frac{1}{4}$ cawan coklat gelap cair
- $\frac{1}{4}$ cawan kelapa parut

ARAHAN:

a) Lapik loyang dengan kertas parchment.

b) Celupkan setiap kepingan pisang ke dalam coklat gelap cair, salutkan kira-kira separuh.

c) Canai pisang bersalut coklat di dalam kelapa parut hingga bersalut rata.

d) Letakkan gigitan pisang yang telah disalut pada loyang yang telah disediakan.

e) Ulang dengan kepingan pisang yang tinggal.

f) Sejukkan sekurang-kurangnya 30 minit atau sehingga coklat mengeras.

g) Hidangkan gigitan pisang kelapa sebagai snek atau pencuci mulut tropika yang lazat.

h) Nikmati gabungan pisang berkrim, coklat kaya dan kelapa!

42. Celup Yogurt Tropika

BAHAN-BAHAN:

- 1 cawan yogurt Yunani
- $\frac{1}{2}$ cawan nenas dipotong dadu
- $\frac{1}{2}$ cawan mangga potong dadu
- $\frac{1}{4}$ cawan lada benggala merah yang dicincang
- $\frac{1}{4}$ cawan bawang merah cincang
- $\frac{1}{4}$ cawan cilantro segar yang dicincang
- 1 sudu besar jus limau nipis
- $\frac{1}{2}$ sudu teh serbuk bawang putih
- Garam dan lada sulah secukup rasa

ARAHAN:

a) Dalam mangkuk, satukan yogurt Yunani, nanas potong dadu, mangga potong dadu, lada benggala merah cincang, bawang merah cincang, ketumbar cincang, jus limau nipis, serbuk bawang putih, garam dan lada sulah.

b) Gaul rata sehingga semua bahan sebati.

c) Rasa dan sesuaikan perasa jika perlu.

d) Hidangkan saus tropika dengan kerepek tortilla, roti pita atau batang sayur.

e) Nikmati hidangan berkrim dan berperisa ini dengan sentuhan tropika!

43. <u>Salad Buah Tropika</u>

BAHAN-BAHAN:

- 2 cawan nenas dipotong dadu
- 1 cawan mangga potong dadu
- 1 cawan betik potong dadu
- 1 cawan kiwi dihiris
- 1 cawan hirisan strawberi
- 1 sudu besar jus limau nipis segar
- 1 sudu besar madu atau sirap maple
- Topping pilihan: kelapa parut atau pudina segar yang dicincang

ARAHAN:

a) Dalam mangkuk besar, satukan nenas potong dadu, mangga potong dadu, betik potong dadu, hirisan kiwi, dan hirisan strawberi.

b) Dalam mangkuk kecil, pukul bersama jus limau nipis dan madu atau sirap maple.

c) Siramkan perasan kapur ke atas salad buah-buahan dan toskan perlahan-lahan.

d) Pilihan: Taburkan kelapa parut atau pudina segar yang dicincang di atas untuk menambah rasa dan hiasan.

e) Hidangkan salad buah tropika sejuk sebagai snek yang menyegarkan dan sihat.

f) Nikmati rasa meriah dan juicy dari rampaian tropika ini!

g) 20 resipi snek tropika ini sepatutnya menyediakan anda dengan pelbagai pilihan yang lazat dan berperisa untuk dinikmati. Sama ada anda sedang mencari sesuatu yang manis, berperisa, berkrim atau rangup, resipi ini pasti akan memuaskan keinginan tropika anda. Nikmati!

HIDANGAN UTAMA

44. Nasi Pina Colada

BAHAN-BAHAN:

- 1 cawan beras Arborio
- 1 sudu besar kayu manis
- 5 oz tin nanas, dihancurkan
- oz santan
- 1 cawan susu pekat
- 1 ½ cawan air

ARAHAN:

a) Masukkan beras dan air ke dalam periuk segera dan kacau rata.

b) Tutup periuk dengan tudung dan masak dengan api kecil selama 12 minit.

c) Lepaskan tekanan menggunakan kaedah pelepasan cepat kemudian buka penutup.

d) Masukkan baki bahan dan kacau rata.

e) Hidangkan dan nikmati.

45. Salad Buah Piña Colada

BAHAN-BAHAN:

- 2 cawan ketulan nanas
- 1 cawan ketulan mangga
- 1/2 cawan kelapa parut
- 1/4 cawan jus nanas
- 1 sudu besar madu
- Daun pudina untuk hiasan

ARAHAN:

a) Dalam mangkuk besar, campurkan ketulan nanas, ketulan mangga dan kelapa parut.

b) Dalam mangkuk yang berasingan, pukul bersama jus nanas dan madu untuk membuat pembalut.

c) Tuangkan dressing ke atas adunan buah dan kacau hingga sebati.

d) Hiaskan dengan daun pudina sebelum dihidangkan.

46. Lidi Ayam Piña Colada Bakar

BAHAN-BAHAN:

- 4 dada ayam tanpa tulang tanpa kulit, dipotong menjadi kiub 1 inci
- 1/2 cawan jus nanas
- 1/2 cawan santan
- 1/4 cawan rum gelap
- 1/4 cawan gula perang
- 1/4 cawan kicap
- 1 sudu besar air limau nipis
- 1 sudu besar minyak zaitun
- 1/2 sudu teh garam
- 1/4 sudu teh lada hitam
- Ketulan nenas dan kelapa parut tanpa gula untuk hiasan

ARAHAN:

a) Dalam mangkuk adunan, pukul bersama jus nanas, santan, rum gelap, gula perang, kicap, jus limau nipis, minyak zaitun, garam dan lada hitam.

b) Masukkan ayam ke dalam mangkuk adunan dan gaulkan hingga rata.

c) Tutup mangkuk dan perap di dalam peti sejuk selama sekurang-kurangnya 1 jam.

d) Panaskan panggangan ke api sederhana tinggi.

e) Masukkan ayam ke lidi, berselang seli dengan ketulan nanas.

f) Bakar lidi selama 8-10 minit setiap sisi, sehingga ayam masak.

g) Hiaskan dengan kelapa parut tanpa gula sebelum dihidangkan.

47. Piña Colada Veggie Lidi

BAHAN-BAHAN:

- 1 lada benggala merah, potong seukuran gigitan
- 1 lada benggala hijau, potong seukuran gigitan
- 1 labu kuning, potong seukuran gigitan
- 1 zucchini, potong saiz gigitan
- 1 biji bawang merah, potong seukuran gigitan
- 1/2 cawan jus nanas
- 1/2 cawan santan
- 1 sudu besar rum gelap
- 1 sudu besar minyak zaitun
- 1/2 sudu teh jintan halus
- 1/2 sudu teh paprika
- 1/2 sudu teh serbuk bawang putih
- 1/2 sudu teh garam
- 1/4 sudu teh lada hitam
- Ketulan nenas untuk dicucuk
- Kelapa parut tanpa gula untuk hiasan

ARAHAN:

a) Dalam mangkuk adunan, pukul bersama jus nanas, santan, rum gelap, minyak zaitun, jintan putih, paprika, serbuk bawang putih, garam dan lada hitam.

b) Masukkan sayur-sayuran ke dalam mangkuk adunan dan gaulkan hingga rata.

c) Tutup mangkuk dan perap di dalam peti sejuk selama sekurang-kurangnya 30 minit.

d) Panaskan panggangan ke api sederhana tinggi.

e) Masukkan kepingan sayur dan kepingan nanas pada lidi.

f) Bakar lidi selama 8-10 minit, terbalikkan sekali-sekala, sehingga sayur-sayuran lembut dan sedikit hangus.

g) Hidangkan lidi dengan kelapa parut tanpa gula untuk hiasan.

48. Taco Udang Piña Colada

BAHAN-BAHAN:

- 1 paun udang besar, dikupas dan dikeringkan
- 1/4 cawan jus nanas
- 1/4 cawan santan
- 1 sudu besar rum gelap
- 1 sudu besar minyak zaitun
- 1/2 sudu teh jintan halus
- 1/2 sudu teh paprika
- 1/2 sudu teh serbuk bawang putih
- 1/2 sudu teh garam
- 1/4 sudu teh lada hitam
- Tortilla jagung
- Kobis cincang
- Ketulan nanas
- Kelapa parut tanpa gula
- Cilantro untuk hiasan

ARAHAN:

a) Dalam mangkuk adunan, pukul bersama jus nanas, santan, rum gelap, minyak zaitun, jintan putih, paprika, serbuk bawang putih, garam dan lada hitam.

b) Masukkan udang ke dalam mangkuk adunan dan gaulkan hingga rata.

c) Tutup mangkuk dan perap di dalam peti sejuk selama sekurang-kurangnya 30 minit.

d) Panaskan panggangan ke api sederhana tinggi.

e) Bakar udang selama 2-3 minit setiap sisi, sehingga ia berwarna merah jambu dan masak.

f) Panaskan tortilla jagung di atas panggangan.

g) Untuk memasang taco, tambahkan kubis yang dicincang dan udang panggang ke setiap tortilla.

h) Teratas dengan ketulan nanas, kelapa parut tanpa gula dan ketumbar.

i) Hidangkan segera.

49. Piña Colada Pork Tenderloin

BAHAN-BAHAN:

- 2 paun daging babi tenderloin
- 1/2 cawan jus nanas
- 1/2 cawan santan
- 1/4 cawan rum gelap
- 1/4 cawan gula perang
- 1/4 cawan kicap
- 1 sudu besar air limau nipis
- 1 sudu besar minyak zaitun
- 1/2 sudu teh garam
- 1/4 sudu teh lada hitam
- Ketulan nenas dan kelapa parut tanpa gula untuk hiasan

ARAHAN:

a) Dalam mangkuk adunan, pukul bersama jus nanas, santan, rum gelap, gula perang, kicap, jus limau nipis, minyak zaitun, garam dan lada hitam.

b) Letakkan tenderloin babi dalam beg plastik besar yang boleh ditutup semula dan tuangkan perapan ke atas daging babi.

c) Tutup beg dan perap di dalam peti sejuk selama sekurang-kurangnya 2 jam, atau semalaman.

d) Panaskan ketuhar hingga 375°F (190°C).

e) Keluarkan daging babi dari perapan dan buang perapan.

f) Panaskan kuali besar yang selamat untuk ketuhar di atas api sederhana tinggi dan tambah 1 sudu besar minyak zaitun.

g) Goreng daging babi tenderloin pada semua sisi sehingga perang keemasan, kira-kira 5 minit.

h) Pindahkan kuali ke dalam ketuhar dan bakar selama 20-25 minit, sehingga suhu dalaman daging babi mencapai 145°F (63°C).

i) Biarkan daging babi berehat selama 5-10 minit sebelum dihiris.

j) Hidangkan bersama ketulan nanas dan kelapa parut tanpa gula untuk hiasan.

50. Nasi Goreng Udang Piña Colada

BAHAN-BAHAN:

- 1 paun udang besar, dikupas dan dikeringkan
- 3 cawan beras melati yang telah dimasak, disejukkan
- 1/2 cawan kacang dan lobak merah beku, dicairkan
- 1/2 cawan ketulan nanas
- 1/2 cawan kelapa parut tanpa gula
- 1/4 cawan santan
- 1/4 cawan jus nanas
- 1/4 cawan kicap
- 2 sudu besar rum gelap
- 2 sudu besar minyak zaitun
- 2 ulas bawang putih, dikisar
- 2 biji telur, dipukul
- Garam dan lada hitam secukup rasa
- Cilantro untuk hiasan

ARAHAN:

a) Dalam mangkuk adunan, pukul bersama santan, jus nanas, kicap dan rum gelap.

b) Panaskan kuali besar di atas api sederhana tinggi dan tambah 1 sudu besar minyak zaitun.

c) Masukkan udang dan bawang putih ke dalam kuali dan tumis selama 2-3 minit, sehingga udang menjadi merah jambu dan masak.

d) Keluarkan udang dari kuali dan ketepikan.

e) Masukkan 1 sudu besar minyak zaitun ke dalam kuali dan masukkan telur yang telah dipukul.

f) Kacau telur hingga masak dan ketepikan bersama udang.

g) Masukkan baki sesudu besar minyak zaitun ke dalam kuali dan masukkan nasi, kacang polong dan lobak merah, dan ketulan nanas.

h) Tuangkan sos piña colada ke atas nasi dan kacau hingga sebati.

i) Masukkan udang dan telur yang telah dimasak ke dalam kuali dan kacau hingga sebati.

j) Masak selama 2-3 minit tambahan, sehingga semuanya dipanaskan.

k) Perasakan dengan garam dan lada hitam secukup rasa.

l) Hiaskan dengan kelapa parut tanpa gula dan ketumbar sebelum dihidangkan.

51. Taco Ikan Piña Colada

BAHAN-BAHAN:

- 1 paun ikan putih, seperti ikan tongkol atau tilapia
- 1/2 cawan jus nanas
- 1/2 cawan santan
- 1 sudu besar rum gelap
- 1 sudu besar minyak zaitun
- 1/2 sudu teh jintan halus
- 1/2 sudu teh paprika
- 1/2 sudu teh serbuk bawang putih
- 1/2 sudu teh garam
- 1/4 sudu teh lada hitam
- Tortilla jagung
- Kobis cincang
- Ketulan nanas
- Kelapa parut tanpa gula
- Cilantro untuk hiasan

ARAHAN:

a) Dalam mangkuk adunan, pukul bersama jus nanas, santan, rum gelap, minyak zaitun, jintan putih, paprika, serbuk bawang putih, garam dan lada hitam.

b) Masukkan ikan ke dalam mangkuk adunan dan gaulkan hingga berbalut.

c) Tutup mangkuk dan perap di dalam peti sejuk selama sekurang-kurangnya 30 minit.

d) Panaskan panggangan ke api sederhana tinggi.

e) Bakar ikan selama 2-3 minit setiap sisi, sehingga ia masak.

f) Panaskan tortilla jagung di atas panggangan.

g) 7. Pasang taco dengan meletakkan beberapa keping ikan pada setiap tortilla dan toppingnya dengan kubis cincang, ketulan nanas, kelapa parut tanpa gula, dan ketumbar.

h) Hidangkan segera.

52. Piña Colada Glazed Ham

BAHAN-BAHAN:

- 1 ham tulang yang dimasak sepenuhnya, kira-kira 8-10 paun
- 1 cawan jus nanas
- 1/2 cawan gula merah
- 1/2 cawan madu
- 1/4 cawan rum gelap
- 2 sudu besar mustard Dijon
- 1 sudu teh kayu manis tanah
- 1/4 sudu teh bunga cengkih kisar
- Cincin nanas dan ceri untuk hiasan

ARAHAN:

a) Panaskan ketuhar hingga 325°F (163°C).

b) Dalam mangkuk adunan, pukul bersama jus nanas, gula perang, madu, rum gelap, mustard Dijon, kayu manis dan bunga cengkih.

c) Letakkan ham dalam kuali pembakar dan sapu sayu piña colada di atas ham, pastikan untuk menutupnya sepenuhnya.

d) Bakar ham selama kira-kira 2-2.5 jam, taburkan dengan sayu setiap 30 minit.

e) Semasa 15 minit terakhir membakar, susun cincin nanas dan ceri di atas ham untuk hiasan.

f) Biarkan ham berehat selama 10-15 minit sebelum diukir dan dihidangkan.

53. Salad buah tropika berkrim

BAHAN-BAHAN:

- 15.25-auns tin salad buah tropika, toskan
- 1 pisang, dihiris
- 1 cawan topping disebat beku, dicairkan

ARAHAN:

a) Dalam mangkuk sederhana, satukan semua bahan.

b) Kacau perlahan-lahan hingga menyalut.

54. Ayam Nanas Tropika

BAHAN-BAHAN:

- 1 lada benggala
- 1 biji bawang merah kecil
- 1 lb (450 g) fillet dada ayam tanpa tulang tanpa kulit
- 2 cawan kacang snap gula
- 1 tin (14 oz/398 ml) ketulan nanas dalam jus
- 2 sudu besar minyak kelapa cair
- 1 pkg Perencah Ayam Nenas Tropika
- jus limau segar

ARAHAN:

a) Panaskan ketuhar hingga 425° F. Gariskan Kuali Lembaran dengan Pelapik Kuali Lembaran.

b) Hiris lada dan bawang besar. Dalam mangkuk besar, satukan lada, bawang, ayam, kacang polong, ketulan nanas (termasuk jus), minyak kelapa dan perasa. Tos sampai bersalut.

c) Susun dalam satu lapisan di atas kuali sebaik mungkin. Panggang, selama 16 min, atau sehingga ayam masak.

d) Selesai dengan perahan limau nipis segar, jika mahu.

55. Rasa Udang Tropika

BAHAN-BAHAN:

- 1 biji limau nipis, dihiris separuh
- 1 pkg Perencah Ayam Nenas Tropika
- 1 sudu besar minyak kelapa cair
- 1 sudu besar madu
- 2 biji lada benggala, potong kecil
- 1 zucchini kecil, dihiris bulat $\frac{1}{2}$ inci
- 2 cawan ketulan mangga beku
- 1 lb udang mentah beku, dikupas, dinyahbeku

ARAHAN:

a) Panaskan ketuhar hingga 425° F. Gariskan Kuali Lembaran dengan Pelapik Kuali Lembaran.

b) Menggunakan Citrus Press 2-dalam-1, perah jus daripada limau nipis ke dalam mangkuk besar.

c) Masukkan perasa, minyak, dan madu. Kacau hingga sebati.

d) Letakkan lada, zucchini, dan mangga dalam kuali.

e) Tuang separuh sos di atas.

f) Menggunakan penyepit, toskan hingga menyalut.

g) Masukkan ke dalam ketuhar dan bakar selama 10 min.

h) Sementara itu, masukkan udang ke dalam mangkuk dengan baki sos; toskan hingga kot.

i) Keluarkan kuali dari ketuhar; masukkan udang dalam satu lapisan sebaik mungkin.

j) Panggang selama 3-4 min, atau sehingga udang masak.

56. Babi Bakar Caribbean dengan Salsa Tropika

BAHAN-BAHAN:

Salsa:

- 1 biji nanas kecil, dikupas, dibuang inti dan dipotong dadu
- 1 oren sederhana, dikupas dan dipotong dadu
- 2 sudu besar ketumbar segar, dicincang
- Jus setengah limau nipis segar

BABI:

- $\frac{1}{2}$ sudu besar gula perang
- 2 sudu kecil bawang putih dikisar
- 2 sudu teh halia cincang
- 2 sudu teh jintan kisar
- 2 sudu teh ketumbar kisar
- $\frac{1}{2}$ sudu teh kunyit
- 2 sudu besar minyak kanola
- 6 potong pinggang babi

ARAHAN:

a) Buat salsa dengan menggabungkan nanas, oren, ketumbar dan jus limau di dalam mangkuk. Mengetepikan. Boleh disediakan sehingga 2 hari lebih awal dan disejukkan.

b) Dalam mangkuk kecil, satukan adunan gula perang, bawang putih, halia, jintan manis, ketumbar dan kunyit.

c) Sapu kedua-dua belah daging babi dengan minyak kanola dan sapu pada kedua-dua belah.

d) Panaskan barbeku hingga sederhana tinggi. Letakkan daging babi di atas panggangan selama kira-kira 5 minit setiap sisi atau sehingga masak pada suhu dalaman 160 °F.

e) Hidangkan setiap potong disertai dengan ⅓ cawan salsa.

57. Ekor udang galah dengan buah tropika panggang

BAHAN-BAHAN:

- 4 lidi buluh atau logam
- $\frac{3}{4}$ nanas emas, dikupas, dibuang inti, dan dipotong menjadi hirisan 1 inci
- 2 biji pisang, dikupas dan dipotong bersilang kepada lapan kepingan 1 inci
- 1 mangga, dikupas, diadu, dan dipotong menjadi kiub 1 inci
- 4 udang galah batu atau ekor udang galah Maine yang besar
- $\frac{3}{4}$ cawan Sweet Soya Glaze
- 1 cawan mentega, cair
- 4 biji limau nipis

ARAHAN:

a) Jika anda memanggang dengan lidi buluh, rendam dalam air sekurang-kurangnya 30 minit. Nyalakan gril untuk haba sederhana langsung , kira-kira 350$\frac{1}{4}$F.

b) Lidi kepingan nanas, pisang dan mangga secara bergantian pada lidi, menggunakan kira-kira 2 keping setiap buah setiap lidi .

c) Kupu-kupu ekor udang galah dengan membelah setiap ekor memanjang melalui cangkerang atas bulat dan daging, biarkan cangkerang bawah rata utuh. Jika cangkerangnya sangat keras, gunakan gunting dapur untuk memotong cangkerang bulat dan pisau untuk memotong daging.

d) Buka ekor perlahan-lahan untuk mendedahkan daging.

e) Sapu sayu soya sedikit ke atas lidi buah dan daging udang galah. Sapu parut gril dan salut dengan minyak. Letakkan ekor udang galah, daging menghadap ke bawah, terus di atas api, dan panggang sehingga bertanda panggang dengan baik, 3 hingga 4 minit. Tekan ekor pada parut gril dengan spatula atau penyepit untuk membantu membakar daging. Balikkan dan panggang sehingga daging menjadi pejal dan putih, taburkan dengan sayu soya, 5 hingga 7 minit lagi.

f) Sementara itu, panggang lidi buah bersama udang galah sehingga bertanda panggang dengan baik, kira-kira 3 hingga 4 minit setiap sisi.

g) Hidangkan bersama mentega cair dan limau nipis untuk diperah.

58. Salad Kacang Hitam Tropika dengan Mangga

BAHAN-BAHAN:

- 3 cawan kacang hitam masak, toskan dan bilas
- ½ cawan lada benggala merah yang dicincang
- ¼ cawan bawang merah kisar
- ¼ cawan cilantro segar yang dicincang
- 1 jalapeño, dibiji dan dikisar (pilihan)
- 3 sudu besar minyak biji anggur
- 2 sudu besar jus limau nipis segar
- 2 sudu teh nektar agave
- ¼ sudu teh garam
- ⅛ sudu teh cayenne kisar

ARAHAN:

a) Dalam mangkuk besar, gabungkan kacang, mangga, lada benggala, bawang, ketumbar, dan jalapeño jika digunakan, dan ketepikan.

b) Dalam mangkuk kecil, pukul bersama minyak, jus limau nipis, nektar agave, garam, dan cayenne. Tuangkan dressing ke atas salad dan gaul rata.

c) Sejukkan selama 20 minit dan hidangkan.

59. Mangkuk Nasi Tropika

BAHAN-BAHAN:

MANGKUK

- 1 ubi keledek, dikupas dan dicincang menjadi kepingan seukuran gigitan
- 1 sudu besar minyak zaitun extra-virgin
- 2 cawan beras melati, masak
- 1 biji nanas, dikupas, dibuang inti, dan dicincang menjadi kepingan seukuran gigitan
- $\frac{1}{4}$ cawan gajus
- 4 sudu besar biji rami bercengkerang mentah

SOS MASAM MANIS

- 1 sudu besar tepung jagung
- $\frac{1}{2}$ cawan nenas cincang
- $\frac{1}{4}$ cawan cuka beras
- ⅓ cawan gula perang ringan
- 3 sudu besar sos tomato
- 2 sudu kecil kicap

ARAHAN:

KELEDEK

a) Panaskan ketuhar hingga 425°F.

b) Toskan ubi dengan minyak. Letakkan di atas loyang dan panggang selama 30 minit.

c) Keluarkan dari ketuhar dan biarkan sejuk.

SOS MASAM MANIS

d) Pukul bersama tepung jagung dan 1 sudu besar air dalam mangkuk kecil. Mengetepikan.

e) Masukkan nanas dan $\frac{1}{4}$ cawan air ke dalam pengisar. Kisar sehingga adunan selicin mungkin.

f) Masukkan campuran nanas, cuka beras, gula perang, sos tomato, dan kicap ke dalam periuk sederhana.

g) Didihkan dengan api sederhana tinggi.

h) Masukkan bancuhan tepung jagung dan masak sehingga pekat, kira-kira seminit. Keluarkan dari api dan ketepikan semasa memasang mangkuk.

PERHIMPUNAN

i) Letakkan nasi di bahagian bawah setiap mangkuk. Masukkan barisan nanas, gajus, rami dan ubi keledek.

j) Teratas dengan sos masam manis.

60. Kebab babi tropika

BAHAN-BAHAN:

- 8 lidi kayu atau logam
- 2 paun pinggang babi, dipotong menjadi kepingan 1 inci
- 2 biji lada benggala merah besar, dibuang biji, dibersihkan dan dipotong menjadi 8 bahagian
- 1 lada benggala hijau, dibuang biji, dibersihkan dan dipotong menjadi 8 bahagian
- $\frac{1}{2}$ biji nanas segar, potong 4 bahagian kemudian potong
- $\frac{1}{2}$ cawan madu
- $\frac{1}{2}$ cawan jus limau
- 2 sudu kecil kulit limau nipis parut
- 3 ulas bawang putih, dikisar
- $\frac{1}{4}$ cawan mustard kuning
- 1 sudu teh garam
- $\frac{1}{4}$ sudu teh lada hitam

ARAHAN:

a) Jika menggunakan lidi kayu, rendam dalam air selama 15 hingga 20 minit.

b) Lidi setiap lidi secara bergantian dengan ketulan daging babi, 2 keping lada merah, 1 keping lada hijau, dan 2 keping nanas.

c) Dalam hidangan pembakar 9" x 13", campurkan madu, jus limau nipis, kulit limau parut, bawang putih, mustard kuning, garam dan lada hitam; gaul sebati. Letakkan kebab dalam hidangan pembakar dan putar untuk disalut dengan perapan. Tutup dan sejukkan selama sekurang-kurangnya 4 jam atau semalaman, berputar sekali-sekala.

d) Panaskan pemanggang hingga sederhana -api tinggi. Baste kebab dengan perapan; buang lebihan perapan.

e) Bakar kebab selama 7 hingga 9 minit, atau sehingga daging babi tidak lagi merah jambu, berputar dengan kerap untuk memasak di semua sisi.

61. Babi Jeruk Jamaica

BAHAN-BAHAN:

- 2 paun daging babi tenderloin, dipotong menjadi kiub atau jalur
- 3 sudu besar perasa jerk Jamaica
- 2 sudu besar minyak sayuran
- 2 sudu besar jus limau nipis
- 2 sudu besar kicap
- 2 sudu besar gula merah
- 2 ulas bawang putih, dikisar
- 1 sudu kecil halia parut
- Garam dan lada sulah secukup rasa

ARAHAN:

a) Dalam mangkuk, satukan perasa jerk Jamaica, minyak sayuran, jus limau nipis, kicap, gula perang, bawang putih kisar, halia parut, garam dan lada sulah.

b) Masukkan kiub atau jalur daging babi tenderloin ke dalam mangkuk dan toskan hingga rata dalam perapan.

c) Tutup mangkuk dan sejukkan selama sekurang-kurangnya 1 jam, atau semalaman untuk rasa yang lebih pedas.

d) Panaskan pemanggang atau kuali pemanggang di atas api yang sederhana tinggi.

e) Keluarkan daging babi dari perapan, goncangkan apa-apa lebihan.

f) Bakar daging babi selama kira-kira 4-6 minit setiap sisi, atau sehingga masak dan hangus dengan baik.

g) Lumur daging babi dengan baki perapan semasa memanggang.

h) Setelah masak, pindahkan daging babi ke dalam pinggan hidangan dan biarkan ia berehat selama beberapa minit.

i) Hidangkan daging babi jerk Jamaica sebagai hidangan utama tropika yang pedas dan berperisa.

j) Nikmati rasa berasap dan aromatik perasa jerk!

62. Tauhu Kari Mangga

BAHAN-BAHAN:

- 1 blok (14 oz) tauhu pejal, toskan dan potong kiub
- 1 sudu besar minyak sayuran
- 1 biji bawang, dihiris
- 2 ulas bawang putih, dikisar
- 1 sudu besar serbuk kari
- 1 sudu teh jintan kisar
- $\frac{1}{2}$ sudu teh kunyit kisar
- $\frac{1}{2}$ sudu teh ketumbar kisar
- $\frac{1}{4}$ sudu teh lada cayenne (sesuaikan dengan rasa)
- 1 tin (14 oz) santan
- 1 biji mangga masak, dikupas, diadu dan dipotong dadu
- 1 sudu besar jus limau nipis
- Garam secukup rasa
- Ketumbar segar dicincang untuk hiasan
- Nasi masak atau roti naan untuk dihidangkan

ARAHAN:

a) Panaskan minyak sayuran dalam kuali besar atau kuali dengan api sederhana.

b) Masukkan hirisan bawang besar dan bawang putih kisar, dan tumis selama 2-3 minit sehingga layu dan naik bau.

c) Masukkan serbuk kari, jintan kisar, kunyit kisar, ketumbar kisar, dan lada cayenne. Kacau rata untuk menyaluti bawang merah dan bawang putih dalam rempah.

d) Masukkan tauhu kiub ke dalam kuali dan masak selama 3-4 minit sehingga sedikit keperangan.

e) Tuangkan santan dan biarkan mendidih.

f) Masukkan mangga potong dadu dan jus limau nipis ke dalam kuali, dan perasakan dengan garam secukup rasa.

g) Reneh selama 5-6 minit sehingga tauhu dipanaskan dan rasa telah sebati.

h) Hiaskan dengan cilantro segar yang dicincang.

i) Hidangkan tauhu kari mangga di atas nasi yang dimasak atau dengan roti naan untuk hidangan utama tropika yang memuaskan.

j) Nikmati kari mangga yang berkrim dan beraroma dengan tauhu lembut dan rempah ratus!

63. Salad Habbatus Sauda Caribbean dan Mango Quinoa

BAHAN-BAHAN:

- 1 cawan quinoa masak, sejuk
- 1 tin (15 oz) kacang hitam, bilas dan toskan
- 1 biji mangga masak, dikupas, diadu dan dipotong dadu
- 1 lada benggala merah, potong dadu
- $\frac{1}{4}$ cawan bawang merah cincang
- $\frac{1}{4}$ cawan cilantro segar yang dicincang
- Jus 1 biji limau purut
- 2 sudu besar minyak zaitun
- 1 sudu teh jintan kisar
- Garam dan lada sulah secukup rasa

ARAHAN:

a) Dalam mangkuk besar, satukan quinoa yang telah dimasak, kacang hitam, mangga potong dadu, lada benggala merah potong dadu, bawang merah cincang dan ketumbar segar yang dicincang.

b) Dalam mangkuk kecil, pukul bersama jus limau nipis, minyak zaitun, jintan halus, garam dan lada sulah.

c) Tuangkan dressing ke atas adunan quinoa dan gaul sehingga sebati.

d) Sesuaikan perasa jika perlu.

e) Tutup mangkuk dan sejukkan selama sekurang-kurangnya 30 minit untuk membolehkan rasa bercampur bersama.

f) Sebelum dihidangkan, beri salad perlahan-lahan untuk memastikan semua bahan digabungkan dengan baik.

g) Hidangkan salad kacang hitam Caribbean dan mangga quinoa sebagai hidangan utama tropika yang menyegarkan dan berkhasiat.

h) Nikmati gabungan kacang hitam yang kaya dengan protein, mangga berair, dan ketumbar wangi dalam setiap gigitan!

64. Ayam Teriyaki Hawaii

BAHAN-BAHAN:

- 4 paha ayam tanpa tulang dan tanpa kulit
- $\frac{1}{4}$ cawan kicap
- $\frac{1}{4}$ cawan jus nanas
- 2 sudu besar madu
- 2 sudu besar cuka beras
- 1 sudu besar minyak bijan
- 2 ulas bawang putih, dikisar
- 1 sudu kecil halia parut
- Hirisan nenas untuk hiasan
- Bawang hijau dicincang untuk hiasan

ARAHAN:

a) Dalam mangkuk, pukul bersama kicap, jus nanas, madu, cuka beras, minyak bijan, bawang putih cincang dan halia parut.

b) Letakkan paha ayam di dalam pinggan cetek dan tuangkan perapan ke atasnya. Pastikan ayam disalut sama rata.

c) Tutup hidangan dan sejukkan selama sekurang-kurangnya 1 jam, atau semalaman untuk rasa yang lebih pedas.

d) Panaskan pemanggang atau kuali pemanggang di atas api yang sederhana tinggi.

e) Keluarkan paha ayam dari perapan, goncangkan apa-apa lebihan.

f) Bakar ayam selama kira-kira 5-6 minit setiap sisi, atau sehingga masak dan hangus dengan baik.

g) Lumurkan ayam dengan baki perapan semasa memanggang.

h) Setelah masak, pindahkan ayam ke dalam pinggan hidangan dan biarkan selama beberapa minit.

i) Hiaskan dengan hirisan nanas dan bawang hijau yang dihiris.

j) Hidangkan ayam teriyaki Hawaii sebagai hidangan utama berinspirasikan tropika.

k) Nikmati ayam yang lembut dan berperisa dengan sayu teriyaki yang manis dan masam!

65. Kari Udang Limau Kelapa

BAHAN-BAHAN:

- 1 paun udang, dikupas dan dikeringkan
- 1 tin (13.5 oz) santan
- Jus dan kulit 2 biji limau nipis
- 2 sudu besar pes kari hijau Thai
- 1 sudu besar sos ikan
- 1 sudu besar gula perang
- 1 lada benggala merah, dihiris
- 1 zucchini, dihiris
- 1 cawan kacang snap
- 1 sudu besar minyak sayuran
- Ketumbar segar untuk hiasan
- Nasi masak untuk dihidangkan

ARAHAN:

a) Panaskan minyak sayuran dalam kuali besar atau kuali dengan api sederhana.

b) Masukkan pes kari hijau Thai ke dalam kuali dan masak selama 1 minit sehingga wangi.

c) Tuangkan santan dan kacau rata hingga sebati dengan karipap.

d) Masukkan sos ikan, gula perang, jus limau nipis, dan kulit limau nipis. Kacau sehingga larut.

e) Masukkan hirisan lada benggala merah, zucchini, dan kacang pis ke dalam kuali. Kacau hingga menyalut sayur dalam kuah kari.

f) Reneh selama 5-6 minit sehingga sayur-sayuran empuk.

g) Masukkan udang ke dalam kuali dan masak selama 3-4 minit lagi sehingga udang menjadi merah jambu dan masak.

h) Keluarkan dari haba dan hiaskan dengan ketumbar segar.

i) Hidangkan kari udang limau kelapa di atas nasi yang telah dimasak untuk hidangan tropika yang berperisa dan beraroma.

j) Nikmati kuah kari kelapa berkrim dengan udang berair dan sayur-sayuran segar!

66. Kambing Kari Jamaica

BAHAN-BAHAN:

- 2 paun daging kambing, potong kiub
- 2 sudu besar serbuk kari Jamaica
- 1 bawang, dicincang
- 3 ulas bawang putih, dikisar
- 1 lada bonet scotch, buang biji dan kisar
- 1 sudu besar minyak sayuran
- 2 cawan santan
- 2 cawan air
- 2 tangkai thyme segar
- Garam dan lada sulah secukup rasa
- Nasi atau roti yang dimasak untuk dihidangkan

ARAHAN:

a) Dalam mangkuk, perasakan daging kambing dengan serbuk kari Jamaica, garam dan lada sulah. Toskan hingga ratakan daging.

b) Panaskan minyak sayuran dalam periuk besar atau ketuhar Belanda dengan api sederhana.

c) Masukkan daging kambing berperisa ke dalam periuk dan perangkannya di semua bahagian. Keluarkan daging dari periuk dan ketepikan.

d) Dalam periuk yang sama, masukkan bawang besar cincang, bawang putih kisar, dan lada bonet scotch kisar (jika guna). Tumis selama 2-3 minit sehingga bawang lut sinar dan wangi.

e) Kembalikan daging kambing yang telah di perang ke dalam periuk dan kacau hingga sebati dengan bawang besar dan bawang putih.

f) Tuangkan santan dan air. Kacau rata untuk memasukkan cecair.

g) Masukkan tangkai thyme segar ke dalam periuk dan biarkan adunan mendidih.

h) Kecilkan api, tutup periuk dan biarkan mendidih selama kira-kira 2-3 jam, atau sehingga daging kambing lembut dan berperisa. Kacau sekali-sekala untuk mengelakkan melekat.

i) Sesuaikan perasa dengan garam dan lada sulah secukup rasa.

j) Hidangkan kambing kari Jamaica di atas nasi yang dimasak atau dengan roti untuk hidangan utama tropika yang asli dan menyelerakan.

k) Nikmati rasa kaya dan aromatik daging kambing yang diselitkan kari!

67. Taco Ikan gaya Caribbean

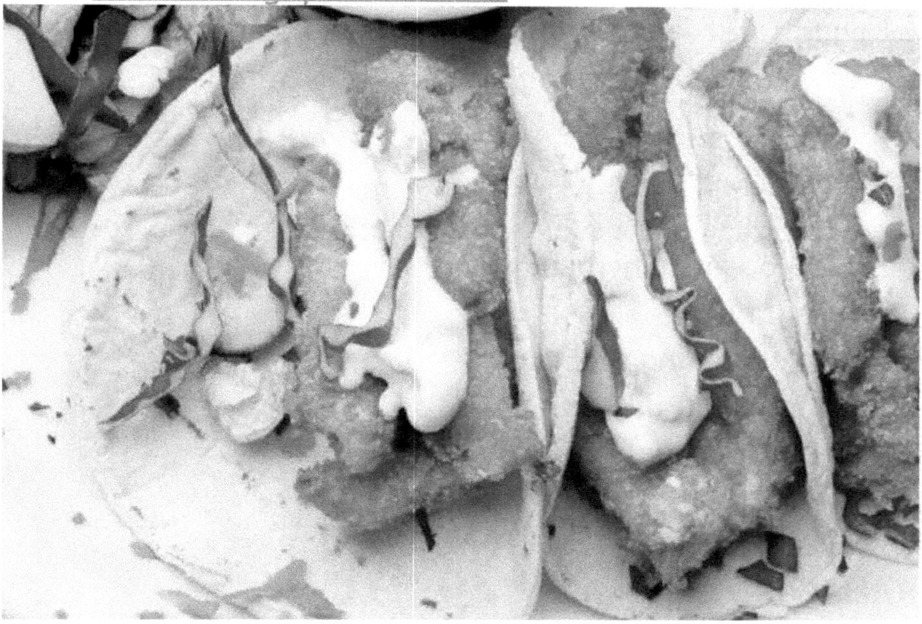

BAHAN-BAHAN:

- 1 paun fillet ikan putih (seperti ikan kod atau tilapia)
- $\frac{1}{4}$ cawan tepung serba guna
- 1 sudu besar perencah jerk Caribbean
- $\frac{1}{2}$ sudu teh garam
- $\frac{1}{4}$ sudu teh lada hitam
- 2 sudu besar minyak sayuran
- 8 tortilla kecil
- Daun salad yang dicincang
- Avokado yang dihiris
- Ketumbar segar dicincang
- Biji limau nipis untuk dihidangkan

ARAHAN:

a) Dalam hidangan cetek, pukul bersama tepung, perasa jerk Caribbean, garam dan lada hitam.

b) Korek isi ikan dalam adunan tepung, goncangkan sebarang lebihan.

c) Panaskan minyak sayuran dalam kuali besar di atas api sederhana.

d) Masukkan fillet ikan bersalut ke dalam kuali dan masak selama kira-kira 3-4 minit setiap sisi, atau sehingga ikan masak dan perang keemasan.

e) Keluarkan ikan dari kuali dan biarkan selama beberapa minit.

f) Panaskan tortilla dalam kuali kering atau microwave.

g) Kikis ikan yang telah dimasak dan bahagikan antara tortilla.

h) Hiaskan ikan dengan daun salad yang dicincang, hirisan alpukat, dan cilantro segar yang dicincang.

i) Perahkan jus limau nipis segar di atas topping.

j) Hidangkan taco ikan gaya Caribbean sebagai hidangan utama tropika dan berperisa.

k) Nikmati ikan yang rangup dan berperisa dengan topping yang segar dan bersemangat!

68. Salmon Kacang Mangga

BAHAN-BAHAN:

- 4 fillet salmon
- 1 mangga masak, dikupas, diadu, dan ditumbuk
- 2 sudu besar kicap
- 2 sudu besar madu
- 2 sudu besar jus limau nipis
- 2 ulas bawang putih, dikisar
- 1 sudu kecil halia parut
- Garam dan lada sulah secukup rasa
- Ketumbar segar dicincang untuk hiasan

ARAHAN:

a) Panaskan ketuhar hingga 375°F (190°C).

b) Dalam mangkuk, pukul bersama puri mangga, kicap, madu, jus limau nipis, bawang putih kisar, halia parut, garam dan lada sulah.

c) Letakkan fillet salmon dalam hidangan pembakar dan tuangkan sayu mangga di atasnya. Pastikan salmon disalut sama rata.

d) Bakar dalam ketuhar yang telah dipanaskan selama kira-kira 12-15 minit, atau sehingga salmon masak dan mudah mengelupas dengan garpu.

e) Siram salmon dengan glaze sekali atau dua kali semasa membakar.

f) Setelah masak, keluarkan salmon dari ketuhar dan biarkan selama beberapa minit.

g) Hiaskan dengan cilantro segar yang dicincang.

h) Hidangkan salmon berlapis mangga sebagai hidangan utama tropika dan berperisa.

i) Nikmati salmon yang berair dan manis dengan sayu mangga yang masam dan berbuah!

69. Kari Sayur Caribbean

BAHAN-BAHAN:

- 1 sudu besar minyak sayuran
- 1 bawang, dicincang
- 2 ulas bawang putih, dikisar
- 1 lada benggala merah, potong dadu
- 1 lada benggala kuning, potong dadu
- 1 zucchini, potong dadu
- 1 keledek, dikupas dan dipotong dadu
- 1 cawan kuntum bunga kobis
- 1 tin (14 oz) santan
- 2 sudu besar serbuk kari Caribbean
- 1 sudu teh jintan kisar
- 1 sudu teh ketumbar kisar
- $\frac{1}{4}$ sudu teh lada cayenne (sesuaikan dengan rasa)
- Garam dan lada sulah secukup rasa
- Ketumbar segar dicincang untuk hiasan
- Nasi atau roti yang dimasak untuk dihidangkan

ARAHAN:

a) Panaskan minyak sayuran dalam kuali besar atau periuk di atas api sederhana.

b) Masukkan bawang besar dan bawang putih yang dikisar, tumis selama 2-3 minit sehingga layu dan naik bau.

c) Masukkan lada benggala merah dan kuning yang dipotong dadu, zucchini yang dipotong dadu, ubi keledek yang dipotong dadu, dan kuntum bunga kobis ke dalam kuali. Kacau hingga menyalut sayur dalam minyak.

d) Masak selama 5-6 minit sehingga sayur-sayuran mula lembut.

e) Dalam mangkuk kecil, pukul bersama serbuk kari Caribbean, jintan halus, ketumbar, lada cayenne, garam dan lada.

f) Taburkan campuran rempah di atas sayur-sayuran dalam kuali dan kacau rata.

g) Tuangkan santan dan kacau hingga sebati dengan rempah dan sayur.

h) Biarkan adunan mendidih dan tutup kuali. Biarkan ia masak selama kira-kira 15-20 minit, atau sehingga sayur-sayuran lembut dan rasa telah sebati.

i) Sesuaikan perasa jika perlu.

j) Hiaskan dengan cilantro segar yang dicincang.

k) Hidangkan kari sayuran Caribbean di atas nasi yang dimasak atau dengan roti untuk hidangan utama tropika yang enak dan berperisa.

l) Nikmati rasa bersemangat dan aromatik sayur-sayuran yang diselitkan kari!

70. Ayam Jerk dengan Mango Salsa

BAHAN-BAHAN:

- 4 dada ayam tanpa tulang dan tanpa kulit
- 2 sudu besar perasa jerk Jamaica
- 2 sudu besar minyak sayuran
- Garam dan lada sulah secukup rasa

MANGO SALSA:

- 1 biji mangga masak, dikupas, diadu dan dipotong dadu
- $\frac{1}{2}$ bawang merah, dicincang halus
- $\frac{1}{2}$ lada benggala merah, dicincang halus
- $\frac{1}{2}$ lada jalapeno, biji, dan tulang rusuk dikeluarkan, dicincang halus
- Jus 1 biji limau purut
- 2 sudu besar cilantro segar yang dicincang
- Garam secukup rasa

ARAHAN:

a) Panaskan panggangan atau kuali pemanggang pada api sederhana tinggi.

b) Gosok dada ayam dengan perasa jerk Jamaica, minyak sayuran, garam dan lada sulah.

c) Bakar ayam selama kira-kira 6-8 minit setiap sisi, atau sehingga masak dan hangus dengan baik. Suhu dalaman hendaklah mencapai 165°F (74°C).

d) Keluarkan ayam dari panggangan dan biarkan ia berehat selama beberapa minit.

e) Sementara itu, sediakan salsa mangga dengan menggabungkan mangga potong dadu, bawang merah yang dicincang halus, lada benggala merah yang dicincang halus, lada jalapeno yang dicincang halus, jus limau nipis, ketumbar segar yang dicincang, dan garam dalam mangkuk. Gaul sebati hingga sebati.

f) Potong ayam jerk panggang dan hidangkan dengan sesudu salsa mangga di atasnya.
g) Hidangkan ayam jerk dengan salsa mangga sebagai hidangan utama tropika dan pedas.
h) Nikmati perasa jerk yang berani dan berperisa digandingkan dengan salsa mangga yang menyegarkan dan berbuah!

71. Tulang Rusuk Babi BBQ Hawaii

BAHAN-BAHAN:

- 2 rak tulang rusuk babi
- 1 cawan jus nanas
- ½ cawan sos tomato
- ¼ cawan kicap
- ¼ cawan gula perang
- 2 sudu besar cuka beras
- 2 ulas bawang putih, dikisar
- 1 sudu kecil halia parut
- Garam dan lada sulah secukup rasa

ARAHAN:

a) Panaskan ketuhar hingga 325°F (163°C).

b) Dalam mangkuk, pukul bersama jus nanas, sos tomato, kicap, gula perang, cuka beras, bawang putih kisar, halia parut, garam dan lada sulah.

c) Letakkan rak tulang rusuk babi dalam hidangan pembakar besar atau kuali panggang.

d) Tuangkan perapan ke atas rusuk, pastikan ia bersalut pada semua sisi. Rizab sedikit perapan untuk perapan.

e) Tutup pinggan dengan kerajang aluminium dan letakkan di dalam ketuhar yang telah dipanaskan.

f) Bakar tulang rusuk selama kira-kira 2 jam, atau sehingga ia empuk dan daging mula tercabut dari tulang.

g) Keluarkan kerajang dan lumurkan tulang rusuk dengan perapan yang telah disediakan.

h) Naikkan suhu ketuhar kepada 400°F (200°C) dan kembalikan rusuk ke dalam ketuhar, tidak bertutup.

i) Bakar selama 15-20 minit tambahan, atau sehingga tulang rusuk menjadi karamel dengan baik dan sos telah pekat.

j) Keluarkan dari ketuhar dan biarkan tulang rusuk berehat selama beberapa minit sebelum dihidangkan.

k) Hidangkan tulang rusuk babi BBQ Hawaii sebagai hidangan utama tropika dan berair.

l) Nikmati tulang rusuk yang lembut dan berperisa dengan sayu BBQ yang manis dan masam!

72. Steak Bakar Caribbean dengan Salsa Nanas

BAHAN-BAHAN:

- 2 paun stik flank
- 2 sudu besar perencah jerk Caribbean
- 2 sudu besar minyak sayuran
- Garam dan lada sulah secukup rasa

SALSA NENAS:

- 1 cawan nenas potong dadu
- $\frac{1}{2}$ bawang merah, dicincang halus
- $\frac{1}{2}$ lada benggala merah, dicincang halus
- $\frac{1}{2}$ lada jalapeno, biji, dan tulang rusuk dikeluarkan, dicincang halus
- Jus 1 biji limau purut
- 2 sudu besar cilantro segar yang dicincang
- Garam secukup rasa

ARAHAN:

a) Panaskan panggangan atau kuali pemanggang pada api sederhana tinggi.

b) Gosok stik flank dengan perasa jerk Caribbean, minyak sayuran, garam dan lada sulah.

c) Bakar stik selama kira-kira 4-6 minit setiap sisi, atau sehingga ia mencapai tahap kesedapan yang diingini. Biarkan ia berehat beberapa minit sebelum dihiris.

d) Sementara itu, sediakan salsa nanas dengan menggabungkan nanas yang dipotong dadu, bawang merah yang dicincang halus, lada benggala merah yang dicincang halus, lada jalapeno yang dicincang halus, jus limau nipis, ketumbar segar yang dicincang, dan garam dalam mangkuk. Gaul sebati hingga sebati.

e) Potong stik panggang dengan bijirin dan hidangkan dengan sesudu besar salsa nanas di atasnya.

f) Hidangkan stik panggang Caribbean dengan salsa nanas sebagai hidangan utama tropika dan berperisa.

PENJERAHAN

73. Piña Colada Granita

BAHAN-BAHAN:

- 2 1/2 cawan nanas, dalam kiub 1/2 inci
- 1 (12 auns) tin krim kelapa
- 1/2 cawan jus limau nipis segar
- 1/2 cawan jus oren segar
- 3 sudu besar rum gelap
- 2 sudu makan Triple Sec

ARAHAN:

a) Bekerja dalam kelompok, proses nanas dalam pemproses makanan selama 15 saat. Pindahkan ke mangkuk besar. Kacau dalam krim kelapa, jus limau nipis, jus oren, rum dan Triple Sec.

b) Tutup dengan bungkus plastik dan masukkan ke dalam peti sejuk semalaman.

c) Bekerja dalam kelompok, denyutkan campuran beku dalam pemproses makanan 10 kali, dan kemudian proses sehingga licin, kira-kira 90 saat.

d) Tutup dan beku selama 2 jam, atau sehingga padat.

74. Piña colada hidangan lembut

BAHAN-BAHAN:

- 12 auns topping disebat
- 12 auns krim kelapa
- Jus Nenas
- $\frac{1}{4}$ cawan rum kelapa
- 2 sudu besar gula merah
- Serbuk 1 biji limau purut

ARAHAN:

a) Dalam mangkuk, lipat perlahan-lahan topping yang disebat, krim kelapa, jus nanas, rum, gula dan kulit limau, dengan berhati-hati agar tidak mengempiskan udara dari topping yang disebat.

b) Cecair tambahan dalam resipi ini memerlukan pencampuran yang lebih berhati-hati, tetapi ia akan bersatu.

75. Kek cawan Pina Colada

BAHAN-BAHAN:

- campuran kek coklat putih 18.25 auns
- 1 kotak 3.9 auns campuran puding vanila Perancis segera
- $\frac{1}{4}$ cawan minyak kelapa
- $\frac{1}{2}$ cawan air
- 2/3 cawan rum ringan, dibahagikan
- 4 biji telur
- 1 tin 14 auns ditambah 1 cawan nanas yang dihancurkan
- 1 cawan kelapa parut manis
- 1 tab 16-auns pembekuan vanila
- 1 tab 12-auns topping bukan tenusu disebat
- Kelapa bakar untuk hiasan
- Payung koktel

ARAHAN:

a) Panaskan ketuhar hingga 350°F.

b) Campurkan adunan kek, adunan puding, minyak kelapa, air, dan 1/3 cawan rum menggunakan pengadun elektrik pada kelajuan sederhana. Masukkan telur satu persatu, pukul adunan perlahan-lahan semasa anda pergi.

c) Lipat dalam tin nanas dan kelapa. Tuang ke dalam loyang dan bakar selama 25 minit.

d) Untuk membuat pembekuan, campurkan 1 cawan nanas yang dihancurkan, baki 1/3 cawan rum, dan frosting vanila sehingga pekat.

e) Tambah topping putar bukan tenusu.

f) Bekukan kek cawan yang telah disejukkan sepenuhnya dan hiaskan dengan kelapa bakar dan payung.

76. Pina colada kek keju

BAHAN-BAHAN:

- Kerak Kelapa
- 2 sampul surat Gelatin tidak berperisa
- gula
- 1 tin (6 auns) Jus Nanas
- 3 biji telur, dipisahkan
- 3 pek (8 auns setiap satu) keju krim, dilembutkan
- $\frac{1}{4}$ cawan Rum Jamaica Gelap
- $\frac{1}{4}$ sudu teh ekstrak kelapa
- 1 tin (20 auns) Nenas hancur
- 1 sudu besar Tepung jagung

ARAHAN:

a) Sediakan Kerak Kelapa (lihat di bawah). Campurkan gelatin & $\frac{1}{2}$ cawan gula dalam periuk. Masukkan jus nanas. Berdiri selama 1 minit. Panaskan dengan perlahan sehingga gelatin larut (5 minit). Keluarkan dari haba.

b) Masukkan kuning, satu demi satu pukul dengan baik selepas setiap satu. Sejukkan sedikit. Pukul cream cheese hingga kembang.

c) Campurkan dalam campuran gelatin dengan rum dan ekstrak kelapa.

d) Sejukkan dengan cepat dengan meletakkan campuran di atas semangkuk air ais; kacau sehingga sedikit pekat. Pukul putih telur hingga berbuih.

e) Masukkan $\frac{1}{4}$ cawan gula secara beransur-ansur sehingga membentuk puncak kaku. Lipat ke dalam gelatin. Berubah menjadi kerak yang disediakan. Sejukkan semalaman.

f) Dalam periuk, satukan nanas yang tidak disaring dengan 2 sudu besar gula dan tepung jagung. Masak, kacau hingga mendidih & pekat. Sejuk. Sudu atas kek keju. Hidangan 8 hingga 10.

g) Kerak Kelapa Campurkan $1\frac{1}{2}$ cawan serbuk wafer vanila dengan 1 cawan kelapa mengelupas. Masukkan ⅓ cawan mentega cair. Tekan di bahagian bawah & tepi kuali springform 8 atau 9 inci. Sejukkan sehingga sedia untuk digunakan.

77. Aiskrim Pina Colada

BAHAN-BAHAN:

- 13.5 auns santan
- 15 auns krim kelapa
- ⅓ - $\frac{1}{2}$ cawan gula pasir
- $\frac{1}{4}$ cawan jus nanas
- 2 sudu teh ekstrak vanila atau pes kacang vanila
- $\frac{1}{2}$ cawan nanas dipotong dadu ditumbuk
- $\frac{1}{4}$ cawan rum
- serpihan kelapa bakar, untuk dihidangkan

ARAHAN:

a) Dalam mangkuk besar, pukul bersama santan, krim, dan gula. Pukul selama 2-3 minit pada kelajuan rendah sehingga gula dibubarkan. Masukkan jus nanas, ekstrak vanila, dan nanas tulen.

b) Sejukkan adunan semalaman .

c) Hidupkan mesin aiskrim anda. Tuangkan adunan sejuk ke dalam mangkuk penyejuk beku dan biarkan sebati sehingga pekat kira-kira 25-30 minit. Jika menggunakan rum, masukkan sekarang dan biarkan kacau selama 2-3 minit lagi.

d) Pindahkan aiskrim lembut ke dalam mangkuk selamat beku dan bekukan selama 2 jam tambahan untuk masak.

e) Hidangkan bersama serpihan kelapa bakar.

78. Bar Kek Keju Piña Colada

BAHAN-BAHAN:

- 2 cawan serbuk keropok graham
- 1/2 cawan mentega tanpa garam, cair
- 3 sudu besar gula pasir
- 16 auns keju krim, dilembutkan
- 1 cawan gula pasir
- 1/4 cawan jus nanas
- 1/4 cawan santan
- 1/4 cawan kelapa parut
- 4 biji telur
- 1/2 cawan ketulan nanas

ARAHAN:

a) Panaskan ketuhar hingga 350°F.

b) Dalam mangkuk adunan, satukan serbuk keropok graham, mentega cair dan 3 sudu besar gula.

c) Tekan adunan ke dalam loyang 9x13 inci yang telah digris.

d) Dalam mangkuk adunan yang berasingan, pukul keju krim dan 1 cawan gula sehingga sebati.

e) Masukkan jus nenas, santan, dan kelapa parut ke dalam mangkuk adunan dan gaul sehingga sebati.

f) Masukkan telur ke dalam mangkuk adunan, satu demi satu, dan gaul sehingga sebati.

g) Tuang adunan ke atas kerak dalam loyang.

h) Teratas adunan dengan kepingan nanas.

i) Bakar selama 35-40 minit, sehingga kek keju ditetapkan.

j) Biarkan kek keju sejuk sebelum dipotong menjadi bar.

79. Pina Colada Gelato

BAHAN-BAHAN:

- 1 biji telur
- 50 gram Gula
- 250 ml santan
- 200 ml krim kental
- $\frac{1}{2}$ daripada sebiji nanas keseluruhan Nanas segar
- 1 Rom

ARAHAN:

a) Gunakan mangkuk terbesar anda, kerana anda akan mencampurkan semua bahan ke dalam mangkuk yang sama yang akan anda gunakan untuk menyebat krim.

b) Asingkan kuning telur dan putih. Buat meringue yang keras menggunakan putih telur dan separuh gula. Satukan separuh lagi gula dengan kuning telur dan gaul sehingga putih.

c) Pukul krim berat sehingga membentuk puncak yang sedikit lembut. Masukkan santan dan gaul rata.

d) Sama ada nenas dicincang halus atau tumbuk dengan pengisar menjadi pes yang sedikit kasar.

e) Persediaan selesai pada ketika ini. Tidak perlu terlalu tepat. Campurkan semuanya ke dalam mangkuk krim berat dan santan. Selain itu, masukkan meringue dan gaul rata.

f) Tuang ke dalam kotak Tupperware dan bekukan sehingga habis. Anda tidak perlu mengacaunya separuh.

g) Jika anda mengisar nanas menjadi pes halus, hasilnya akan menjadi lebih sutera dan lebih seperti gelato asli.

h) Sebaik sahaja anda mencedok gelato ke dalam hidangan, cuba tuangkan sedikit rum. Rasanya luar biasa, sama seperti koktel piña colada.

80. Kek gelato meringue piña colada

BAHAN-BAHAN:

- $\frac{1}{2}$ cawan nanas dehidrasi
- 20 g coklat gelap (70%)
- 100 g meringue siap sedia
- 1 $\frac{1}{4}$ cawan krim pekat
- 2-4 sudu besar rum kelapa Malibu
- Pudina segar atau kelapa dicukur panggang, untuk hiasan

ARAHAN:

a) Alas loyang bersaiz 13 x 23 cm dengan bungkus plastik. Pastikan anda meninggalkan beberapa cm plastik tergantung pada sisi.

b) Cincang nanas supaya tiada kepingan yang lebih besar daripada kismis. Lakukan perkara yang sama dengan coklat.

c) Hancurkan meringue menjadi hancur. Cuba lakukan ini dengan cepat kerana meringue akan mengambil lembapan dari udara dan menjadi melekit.

d) Dalam mangkuk adunan yang besar, pukul krim kental hingga lembut. Masukkan Malibu, kemudian pukul lagi selama beberapa saat sehingga soft peak kembali.

e) Masukkan nanas dan coklat ke dalam mangkuk dan lipatkannya perlahan-lahan ke dalam krim. Masukkan meringue, dan perlahan-lahan lipat lagi. Tuangkan segala-galanya ke dalam loyang dan berikan beberapa pukulan lembut pada kaunter supaya kandungannya mengendap dan diedarkan. Lipat plastik yang tergantung di atas bahagian atas kek, kemudian balut loyang dengan lapisan bungkus plastik yang lain. Masukkan kek ke dalam peti sejuk semalaman.

f) Untuk menghidang, gunakan plastik yang tergantung untuk menarik kek dari loyang. Hiris, dan atas dengan tangkai pudina, atau lebih baik lagi taburan kelapa bakar yang dicukur. Ia adalah kek krim lembut, jadi makanlah segera.

81. No-Bake Piña colada cheesecake

BAHAN-BAHAN:

- 1 Kerak Kelapa
- 2 sampul surat Gelatin tidak berperisa
- gula
- 6 auns jus nanas
- 3 biji telur, dipisahkan
- Tiga pek 8-auns keju krim lembut
- $\frac{1}{4}$ cawan Rum Jamaica Gelap
- $\frac{1}{4}$ sudu teh ekstrak kelapa
- 20-auns tin Nanas Hancur
- 1 sudu besar Tepung jagung

ARAHAN:

a) Campurkan gelatin & $\frac{1}{2}$ cawan gula dalam periuk. Masukkan jus nanas. Berdiri selama 1 minit. Panaskan dengan perlahan sehingga gelatin larut, kira-kira 5 minit. Keluarkan dari haba.

b) Masukkan kuning, satu demi satu pukul dengan baik selepas setiap satu. Sejukkan sedikit. Pukul cream cheese hingga kembang.

c) Campurkan dalam campuran gelatin dengan rum dan ekstrak kelapa.

d) Sejukkan dengan cepat dengan meletakkan campuran di atas semangkuk air ais; kacau sehingga sedikit pekat.

e) Pukul putih telur hingga berbuih.

f) Masukkan $\frac{1}{4}$ cawan gula secara beransur-ansur sehingga membentuk puncak kaku. Lipat ke dalam gelatin. Berubah menjadi kerak yang disediakan. Sejukkan semalaman.

g) Dalam periuk, satukan nanas yang tidak disaring dengan 2 sudu besar gula dan tepung jagung. Masak, kacau hingga mendidih & pekat. Sejuk. Sudu atas kek keju.

82. Piña Colada Panna Cotta dengan Limau Nipis dan Nanas

BAHAN-BAHAN:

UNTUK PANNA COTTA

- 400 g creme fraiche
- 150 ml santan
- 100 g gula
- 3 helai agar-agar tidak berperisa

UNTUK SALSA NENAS

- 1 biji nanas masak
- 50 g gula
- 30 ml rum Malibu
- 25 g serpihan kelapa bakar
- 1 biji limau nipis
- 1 sudu besar daun pudina

ARAHAN:

UNTUK PANNA COTTA

a) Letakkan gelatin dalam mangkuk dengan air sejuk dan biarkan selama 5-10 minit untuk melembutkan.

b) Lembaran gelatin direndam dalam semangkuk air

c) Sementara itu dalam periuk sederhana satukan creme fraiche, santan, dan gula dan biarkan mendidih dengan api sederhana.

d) Creme fraiche, santan dan gula dalam periuk dengan pemukul di dalamnya

e) Keluarkan dari api dan kacau dalam gelatin yang telah ditoskan. Pukul rata untuk memastikan gelatin telah larut sepenuhnya. Tapis melalui ayak halus.

f) Gelatin toskan ditambah ke dalam campuran panna cotta hangat

g) Tuangkan campuran ke dalam 4 gelas hidangan individu dan letakkan di dalam peti sejuk selama sekurang-kurangnya 2 jam.

h) Campuran panna cotta dituangkan ke dalam gelas pencuci mulut untuk ditetapkan

UNTUK SALSA NENAS

i) Kupas nanas dan potong dadu sekata.

j) Memotong dan memotong buah nanas yang telah dikupas

k) Dalam kuali besar masukkan nanas, gula, dan rum dan biarkan mendidih dengan api sederhana. Masak selama 2 minit dan ketepikan dalam mangkuk.

l) Gula ditambah kepada nanas yang dipotong dadu dalam kuali di atas api

m) Parut perahan 1 biji limau purut di atas nanas dan gaul rata. Biarkan sejuk pada suhu bilik dan kemudian selesaikan dengan menambah pudina yang dipotong menjadi jalur-jalur halus.

n) Parut kulit limau nipis pada dadu nenas yang telah dimasak

o) Setelah panna cotta set masukkan salsa nenas di atas

p) Menambah nanas di atas set panna cotta dalam gelas padang pasir

q) Hiaskan dengan kepingan kelapa bakar dan daun pudina untuk menghabiskannya.

83. Piña colada bodoh

BAHAN-BAHAN:

- 1 cawan nanas hancur tanpa gula yang telah ditoskan
- $1\frac{1}{2}$ cawan krim putar
- $\frac{1}{2}$ cawan kelapa parut manis
- 1 sudu besar minuman keras kelapa atau rum (pilihan)
- tangkai pudina (pilih)

ARAHAN:

a) Dalam pengisar atau pemproses makanan, puri separuh daripada nanas; masukkan ke dalam baki nenas. Dalam mangkuk yang berasingan, krim cambuk; lipat dalam nanas, kelapa, dan minuman keras kelapa (jika menggunakan).
b) Bahagikan antara 6 gelas bertangkai panjang. Sejukkan selama 1 jam. Hiaskan dengan pudina (jika guna).

SMOOTHIES & COCKTEIL

84. Smoothie Hijau Piña Colada

BAHAN-BAHAN:

- 2 cawan daun bayam
- 1 cawan nanas segar, dicincang
- 1 cawan beri biru
- 1 sudu besar biji rami yang dikisar
- 1 cawan (240 ml) air kelapa
- ½ cawan air

ARAHAN:

a) Masukkan semua bahan kecuali air yang telah disucikan ke dalam pengisar.

b) Masukkan air secukup rasa. Proses sehingga halus.

85. Piña Colada Kefir

BAHAN-BAHAN:

- 1 cawan susu kefir.
- ½ cawan krim kelapa.
- ½ cawan jus nanas.
- Blender.

ARAHAN:

a) Letakkan kefir susu, krim kelapa, dan jus nanas dalam pengisar.

b) Campurkan mereka.

c) Hidang. Anda boleh menggabungkan ais ke dalam kefir jika anda mahu ia menjadi seperti smoothie.

86. Smoothie Colada Hijau

BAHAN-BAHAN:

- 1 cawan nanas cincang beku
- 3 sudu besar kelapa mentah, tanpa gula, parut
- 1 sudu besar jus limau nipis segar
- 1 genggam daun bayam bayi
- 3 biji kurma (direndam dan lembut)
- 1 cawan air
- 4 hingga 5 kiub ais

ARAHAN:

a) Letakkan semua bahan kecuali aiskrim dalam pengisar dan proses sehingga licin dan berkrim. Masukkan ais dan proses semula.

b) Minum ais sejuk.

87. Piña Colada Shake

BAHAN-BAHAN:

- 1 pisang beku, dikupas dan dicincang
- ½ cawan nanas segar, dicincang
- 1 cawan santan
- 2 sudu serbuk protein vanila
- 1 sudu besar kelapa parut tanpa gula

ARAHAN:

a) Kisar hingga sebati.

b) Rasa dan laraskan ais atau bahan jika perlu.

88. Kahlua dan biskut colada parfaits

BAHAN-BAHAN:

- 8 biskut macaroon
- $\frac{1}{2}$ cawan Kahlua
- 1 liter aiskrim Vanila
- 8 sudu teh Rum
- 20 auns nanas dihancurkan, dalam jus; bersaliran baik
- $\frac{1}{4}$ cawan kelapa parut; dibakar

ARAHAN:

a) Dalam setiap 4 gelas parfait atau gelas wain 12oz, hancurkan 1 biskut.

b) Taburkan setiap satu dengan 1 sudu besar Kahlua. Teratas dengan $\frac{1}{4}$ cawan ais krim dalam setiap gelas, kemudian sudukan lapisan nanas di atas ais krim dan taburkan dengan 1 sudu teh rum.

c) Ulang lapisan menggunakan bahan yang tinggal, berakhir dengan ais krim dan taburkan kelapa panggang di atasnya.

d) Hidangkan segera.

89. Air Tropika

BAHAN-BAHAN:

- 1 tangkai pudina atau selasih segar
- 1 tangerine, dikupas
- $\frac{1}{2}$ mangga, dikupas dan dipotong dadu
- Air yang ditapis

ARAHAN:

a) Masukkan pudina, tangerine, dan mangga ke dalam periuk kaca.

b) Isi dengan air yang ditapis.

c) Curam selama 2 jam di dalam peti ais.

d) Tuangkan ke dalam gelas hidangan.

90. Syurga tropika

BAHAN-BAHAN:

- 1 buah kiwi, dikupas dan dicincang
- 1 biji vanila, belah sepanjang
- $\frac{1}{2}$ biji mangga, potong dadu

ARAHAN:

a) Masukkan mangga, kiwi dan kacang vanila ke dalam periuk 64 auns.

b) Masukkan ke dalam air yang ditapis atau air kelapa.

c) Sejukkan sebelum dihidangkan.

91. Teh ais tropika

BAHAN-BAHAN:

- 1 cawan jus oren segar
- 1 cawan nanas
- $\frac{1}{2}$ cawan sirap agave
- 12 cawan air mendidih
- 12 uncang teh
- 3 cawan soda lemon

ARAHAN:

a) Letakkan air mendidih dan uncang teh dalam teko;
b) Biarkan ia curam.
c) Letakkan dalam peti ais sehingga ia sejuk.
d) Letakkan nanas dan jus oren ke dalam pengisar anda.
e) Puree sehingga adunan sekata dan licin.
f) Letakkan puri nanas di dalam periuk.
g) campurkan dalam sirap agave dan soda lemon.
h) Kacau dan hidangkan sejuk.

92. Smoothie Hijau Tropika Pedas

BAHAN-BAHAN:

- 2 cawan daun bayam padat
- 1 cawan ketulan nanas beku
- 1 cawan ketulan mangga beku
- 1 tangerine kecil, dikupas dan diadu, atau jus 1 kapur
- 1 cawan air kelapa
- $\frac{1}{4}$ sudu teh lada cayenne (pilihan)

ARAHAN:

a) Satukan semua bahan dalam pengisar dan kisar dengan tinggi sehingga rata.

b) Nikmati kesejukan.

93. Smoothie tangerine tropika

BAHAN-BAHAN:

- 2 buah tangerin dikupas & dibelah
- $\frac{1}{2}$ cawan nanas
- 1 pisang beku

ARAHAN:

a) Campurkan dengan $\frac{1}{2}$ hingga 1 cawan cecair.

b) Nikmati

94. Tropicala

BAHAN-BAHAN:

- $\frac{1}{2}$ cawan nanas
- $\frac{1}{2}$ oren pusat sederhana dikupas
- 10 biji badam
- $\frac{1}{4}$ cawan santan
- Satu hirisan $\frac{1}{4}$ inci halia segar
- 1 sudu besar jus lemon segar
- $\frac{1}{4}$ sudu teh kunyit kisar atau satu hirisan $\frac{1}{4}$ inci segar
- 4 ketul ais

ARAHAN:

a) Satukan semua bahan dalam pengisar dan puri hingga rata.

95. Strawberi Daiquiri

BAHAN-BAHAN:

- 2 auns rum
- 1-auns jus limau
- 1-auns sirap ringkas
- 4-5 strawberi segar
- kiub ais
- Strawberi untuk hiasan

ARAHAN:

a) Dalam pengisar, satukan rum, jus limau nipis, sirap ringkas, strawberi segar dan kiub ais.
b) Kisar sehingga licin dan berkrim.
c) Tuangkan adunan ke dalam gelas.
d) Hiaskan dengan strawberi.
e) Hidangkan dan nikmati!

96. Margarita Tropika

BAHAN-BAHAN:

- 2 auns tequila
- 1-auns jus limau
- 1-auns jus oren
- 1-auns jus nanas
- $\frac{1}{2}$ auns sirap ringkas
- Baji limau nipis dan garam untuk rimming (pilihan)

ARAHAN:

a) Jika dikehendaki, rim kaca dengan garam dengan menggosokkan baji kapur di sekeliling rim dan mencelupkannya ke dalam garam.

b) Isi shaker dengan kiub ais.

c) Tambah tequila, jus limau nipis, jus oren, jus nanas dan sirap ringkas ke dalam shaker.

d) Goncang dengan baik.

e) Tapis adunan ke dalam gelas yang telah disediakan berisi ais.

f) Hiaskan dengan hirisan limau nipis.

g) Hidangkan dan nikmati!

97. Mocktail Hawaii Biru

BAHAN-BAHAN:

- 2 auns sirap curacao biru
- 2 auns jus nanas
- 1-auns krim kelapa
- Hirisan nanas dan ceri untuk hiasan

ARAHAN:

a) Isi shaker dengan kiub ais.

b) Tambah sirap curaçao biru, jus nanas dan krim kelapa ke dalam shaker.

c) Goncang dengan baik.

d) Tapis adunan tadi ke dalam gelas berisi ais.

e) Hiaskan dengan hirisan nanas dan ceri.

f) Hidangkan dan nikmati minuman tropika bukan alkohol yang meriah ini!

98. Mango Mojito Mocktail

BAHAN-BAHAN:

- 1 biji mangga masak, kupas dan potong dadu
- 1-auns jus limau
- 1-auns sirap ringkas
- 6-8 helai daun pudina segar
- Air Soda
- Hirisan mangga dan tangkai pudina untuk hiasan

ARAHAN:

a) Dalam gelas, kacau kiub mangga dengan jus limau nipis dan sirap ringkas.
b) Masukkan kiub ais dan daun pudina yang koyak.
c) Teratas dengan air soda.
d) Kacau perlahan-lahan.
e) Hiaskan dengan hirisan mangga dan sebatang pudina.
f) Hidangkan dan nikmati mocktail yang menyegarkan ini!

99. Limau Kelapa

BAHAN-BAHAN:

- 1 cawan air kelapa
- $\frac{1}{4}$ cawan jus limau nipis
- 2 sudu besar sirap ringkas
- Hirisan limau nipis dan daun pudina untuk hiasan

ARAHAN:

a) Dalam periuk, satukan air kelapa, jus limau nipis dan sirap ringkas.

b) Kacau rata hingga sebati.

c) Masukkan kiub ais ke dalam gelas hidangan.

d) Tuangkan limau kelapa ke atas ais dalam setiap gelas.

e) Hiaskan dengan hirisan limau nipis dan daun pudina.

f) Kacau perlahan-lahan sebelum dihidangkan.

g) Nikmati rasa yang menyegarkan dan pedas dari mocktail limeade tropika ini!

200. Sangria Tropika

BAHAN-BAHAN:

- 1 botol wain putih
- 1 cawan jus nanas
- $\frac{1}{2}$ cawan jus oren
- $\frac{1}{4}$ cawan rum
- 2 sudu besar sirap ringkas
- Pelbagai buah-buahan tropika
- Soda kelab (pilihan)
- Daun pudina untuk hiasan

ARAHAN:

a) Dalam periuk besar, gabungkan wain putih, jus nanas, jus oren, rum dan sirap ringkas.

b) Kacau rata hingga sebati.

c) Masukkan buah-buahan tropika yang dihiris ke dalam periuk.

d) Sejukkan selama sekurang-kurangnya 1 jam untuk membenarkan rasa bercampur.

e) Untuk menghidangkan, tuangkan sangria tropika ke dalam gelas berisi ais.

f) Jika mahu, tambahkan dengan percikan soda kelab untuk fizz.

g) Hiaskan dengan daun pudina.

h) Teguk dan nikmati sangria tropika yang berbuah dan menyegarkan!

KESIMPULAN

Kami harap anda telah menikmati koleksi resipi yang diilhamkan oleh Piña colada ini. Sama ada anda melayan tetamu atau sekadar melayan diri sendiri, resipi ini pasti akan membawa anda ke syurga tropika. Ingatlah untuk berseronok dan bereksperimen dengan bahan-bahan yang berbeza untuk membuat resipi ini sendiri.

Kami juga berharap anda telah mempelajari sesuatu yang baharu tentang sejarah dan ramuan koktel Piña colada. Dengan pengetahuan ini, anda boleh menarik perhatian rakan anda dengan kemahiran mixologi anda dan mencipta kelainan unik pada minuman klasik ini.

Terima kasih kerana memilih "KEBAHAGIAAN TROPIKA: A Collection of Piña Colada Inspired Recipes." Kami berharap anda banyak pengembaraan yang gembira dan lazat di dapur!

Milton Keynes UK
Ingram Content Group UK Ltd.
UKHW022027170823
427026UK00016B/621

9 781835 317334